给蒂姆，地球上最年轻的辩证唯物主义者！

面具与真相

拉康的七堂课

[斯洛文尼亚] 斯拉沃热·齐泽克　著

唐　健　译

GUANGXI NORMAL UNIVERSITY PRESS
广西师范大学出版社
·桂林·

面具与真相：拉康的七堂课
MIANJU YU ZHENXIANG: LAKANG DE QI TANG KE

Originally published in English by Granta Publications under the title *How to Read Lacan*, copyright © Slavoj Zizek, 2006
Series Editor: Simon Critchley
Translated by TANG Jian
著作权合同登记号桂图登字：20-2019-188 号

图书在版编目（CIP）数据

面具与真相：拉康的七堂课 / （斯洛文）斯拉沃热·齐泽克著；唐健译. --桂林：广西师范大学出版社，2022.7
书名原文: how to read lacan
ISBN 978-7-5598-4880-2

Ⅰ. ①面… Ⅱ. ①斯… ②唐… Ⅲ. ①拉康（Lacan, Jacques 1901-1981）－哲学思想 Ⅳ. ①B565.59

中国版本图书馆 CIP 数据核字（2022）第 054012 号

广西师范大学出版社出版发行

广西桂林市五里店路 9 号　邮政编码：541004
网址：http://www.bbtpress.com
出版人：黄轩庄
全国新华书店经销
湛江南华印务有限公司印刷
广东省湛江市霞山区绿塘路 61 号　邮政编码：524002
开本：880 mm × 1 230 mm　1/32
印张：6.875　　字数：110 千
2022 年 7 月第 1 版　　2022 年 7 月第 1 次印刷
印数：0 001~5 000 册　定价：49.00 元

如发现印装质量问题，影响阅读，请与出版社发行部门联系调换。

代 译 序

唐健

无意识欲望的性质不是本体论而是伦理的。①

——拉康

在南方，有拉康派的执业分析师背着印有"不要向你的欲望让步"口号的书包上街，加上一些涉及病人的事件，让我萌生了写代译序的念头。这些现象让我开始怀疑自己一直以来对拉康的理解的正确性。这句被误传的拉康名言，至少涉及两个精神分析的根本概念：1. 欲望是什么？ 2. 分析师的伦理是什么？拉康原来的欲望公式直指对临床治疗而言事关重大的"精神分析的伦理"（Psychoanalytic Ethics）以及"分析师的欲望"，希望借这本书出版的机会抛砖引玉，引起大

---

① Jacques Lacan, *Seminaire XI: Les quatre concepts fondamentaux de la psychanalyse*, Paris: Seuil, 1964. 英译本见 Jacques Lacan, *Seminar XI: Fundamental Concepts of Psychoanalysis*, trans. Alan Sheridan, New York: WW Norton, 1981。

家的讨论及指正。

一、"不要向你的欲望让步"这一句源自错误的翻译，以及对大他欲望概念的误解[①]

翻查资料发现，一直以来，海峡两岸的拉康精神分析界均主张把"不要向你的欲望让步"以及"抵抗你的欲望"作为拉康派分析的基础原则，而这明显有异于拉康在研讨班讲稿及其他文本中的字面主张，也和法国以及国际性临床分析师团体的立场相左。《拉冈精神分析辞汇》[②]中有关"伦理"（Ethics）的条目中，出现了可能是中文学术界对分析师伦理的最早的误译，在第 90 页底部写着："拉康主张分析师利用案主的罪疚感，因为，案主任何时候感觉到有罪疚感，实际上他已经在某刻向他的欲望让步了。"这句的末尾有一个关

---

① 我于 2016 年在千聊上办的一个课程中首次公开谈论了这个问题，其后在 2018 年刊于内地期刊的一篇论文对之做出了讨论。详见《坚持抑或抵抗你的欲望？》，《清华大学学报》2018 增 1 期；Kenny Kin Tong, "Insist or Resist Your Desire? On a Mis-Translation of the Principle of Ethics of Psychoanalysis and Some Problems on the Interpretation of the Concept of Desire."。

② 截至 2021 年，*An Introductory Dictionary of Lacanian Psychoanalysis* 这本书存在两个中译本，即 2009 年在台湾出版的《拉冈精神分析辞汇》以及 2021 年在大陆出版的《拉康精神分析介绍性辞典》。

键的翻译错误，并且这个错误看来和译者对欲望的理解是相辅相成的，结果紧接着直接引述拉康研讨班讲稿的下一句也出错了："'从分析的观点而言，一个人可能会感到罪疚的唯一原因是他提供了一个欲望出现的理由。'[1] 因此，当案主表现出罪疚感，分析师的工作便是去发现案主在何处向他的欲望让步了。"[2] 以上都是误译。

二、拉康的原文说的是什么？

根据拉康的《研讨班七》及《研讨班十一》，精神分析伦理的最高原理却是"不要在欲望的问题上让步"（Don't give ground relative to desire），或者干脆像齐泽克的解读所提倡的那样"坚持你的欲望"。根据英译本，拉康是这样说的："从精神分析的角度看，唯一能令一个人感到罪疚的事情就是没有坚持自己的欲望。"（From an analytic point of view, the only thing of which one can be guilty is of having given ground

---

[1] Jacques Lacan, *Seminaire VII: L'ethique de la Psychanalyse*, Paris: Seuil, 1986. 英译本见 Jacques Lacan, *Seminar VII: The Ethics of Psychoanalysis*, trans. Dennis Porter, New york: WW Norton, 1997。

[2] 狄伦·伊凡斯：《拉冈精神分析辞汇》，黄宗慧、龚卓军、廖朝阳、刘纪蕙译，台北：巨流图书股份有限公司，2009 年版，第 91 页。

relative to one's desire.① ）让我们再看看法语原文，拉康是这样说的：“Je propose que la seule chose dont on puisse etre coupable, au moins dans la perspective analytique, c'est d'avoir cede sur son desir.”② 这句话的意思和英译本是完全一致的，由此可见，是中译本偏离了法英两种版本。

三、大他的欲望 VS 大他

对欲望概念的误解，似乎也和对另一条公式的误解有关：“人的欲望就是大他的欲望。”（Man's desire is the desire of/for the Other.）这怎么说得过去呢？为了坚持个体的自主性，学者们似乎只剩下反抗欲望一途了，其实不必，我们可以用另一个精神分析概念解决这个困局：（作为权威和体制的）大他是大他欲望的敌人！（所以抵抗大他可能是对的，抵抗大他欲望则完全是另一回事情了）大他的欲望是大他的“敌人”，暴露了大他的欠缺和无能，却也为主体欲望的实践提供了必要的空间，如果我们细心推敲，从中甚至可以导出看

① Jacques Lacan, *Seminar VII: The Ethics of Psychoanalysis*, trans. Dennis Porter, New York: WW Norton, 1997, p.319.

② Jacques Lacan, *Seminaire VII: L'ethique de la Psychanalyse*, Paris: Seuil, 1986, p.368.

似相反的另一条震惊世界的拉康派公式：不存在大他（的大他）（Other does not exist.）。简而言之：没有保证，不存在终极的大他者，最终，任何他人／大他均不可能知道他想要什么／他的欲望真相，大他从头到尾都是一个虚拟（virtual）存在（虚拟但并不虚假）。

顺便一提，欲望在拉康精神分析中的核心地位，意味着拉康派分析的目的并不是恢复主体的社会功能或其符号位置，也不是解除主体的痛苦（快感）——和拉康大力批驳的"自我心理学"（Ego Psychology）相反，拉康派不但极力反对分析师扮演智者和人生导师的角色，更认为分析师的工作是令主体最终明白——在其欲望的问题上——分析师其实和案主／病人一样的无知（甚至可以说比病人更无知！）。换言之，分析工作的重点之一是让病人意识到大他的权威和知识来自其"被假定知道的主体"的地位（即移情的效用）。

四、欲望 VS 无意识欲望

在这里我只能极扼要地提出几个有关欲望是什么的观点以引起讨论的兴趣，在搞清楚拉康的欲望概念究竟是什么之前，任何有关精神分析的工作都将徒劳无功。第一，几乎是英语世界唯一一本拉康工具书《拉康精神分析介绍性辞典》（*An Introductory Dictionary to Lacanian Psychoanalysis*），其作者迪伦·埃文斯（Dylan Evans，台湾版又译"狄伦·伊凡斯"）在"欲望"词条中过分强调了科耶夫式的黑格尔主奴关系，但这其实并非欲望概念的核心。第二，大他不是人（父母/权威），它首先是语言，欲望是大他的欲望这一条，应该理解为"欲望是在语言中生成的"，也就是通过能指在语言中生成，其重点不在于人的欲望均来自父母或必然受权威宰制。第三，欲望概念的核心，应该从能指的层面理解，也就是从言语及构成它的能指的纯差异结构去理解，根据能指结构的特点，换喻（Metonymy）是人类欲望的主要特点，这说明了为什么欲望没有尽头或不可能满足。在《研讨班七》的第 321 页，拉康特别强调了这点，指出欲望同时是人的"存有"（being）及"非存有"（non-being）。第四，根据这一点，欲望最终就是无意识的欲望，在每一个日常欲望的背后，存在着一个无意识欲望，支撑及推动着整个欲望—能指链条的运转。因此我们也可以说，欲望拥有莫比乌斯环（Mobius Strip）的结构，只要你走得够远，就可以从日常欲望到达无意识欲望的领域，而这就是主体生成的地方。

五、误解的深层原因：女人不存在！

以上对欲望及精神分析伦理原则的误解，可能比第一眼看得更复杂。最终，这种误解——仔细思考其逻辑及结构——反映了人类理性每天都在重复的一个根本矛盾，拉康用性公式厘清了这个问题（不存在性关系），而康德则称之为理性的二律背反。

六、"原物"绝对不是"物自身"

既然都说到这里了，我想一并指出《拉冈精神分析辞汇》的另一个关键错误（英文原著第 207 页），即埃文斯对"das Ding"（原质）或"Thing"（原物）的错解［他说"拉康的原物概念……和康德的'物自身'（Thing-in-itself）具有明显的相似性"］：实际上，拉康的"原质"跟康德的"物自身"扯不上任何关系——最明显的一点，任何读过《纯粹理性批判》的朋友都知道，物自身位于人类的感官之外，而原质虽吓坏主体，却能够进入他的感知系统。假如我们必须为这个无比重要的哲学概念在精神分析中安排一个位置，或许我们会说，物自身就是康德的基础幻象，不是吗？

埃文斯对拉康理论的背弃

谈到这里顺便说一个题外话，这本英语世界唯一一本拉康辞典的作者迪伦·埃文斯后期彻底放弃了拉康，甚至成为其批评者，并非没有原因：对两大概念——欲望和原质——的误解反映埃文斯其实一直未能准确把握拉康理论和精神分析理论。因此，我们不得不面对现实：在使用《拉康精神分析介绍性辞典》时必须极为小心，并时刻带着谨慎怀疑的态度对照拉康文本；希望打开精神分析理论的大门的初学者若依赖这本词典将有误入歧途的危险，受训及执业中的临床分析师尤其应该小心。

七、关于这本书的版本问题

得说明一下，虽然这本书是根据格兰塔图书公司（Granta Books）出版的《怎样读拉康》（*How To Read Lacan*）翻译，但是齐泽克后来在同一本书的免费网页版里面添加了一些细节和修饰，这些变动中文版基本上也都更新和同步了，读者可以参考网址 https://www.lacan.com/essays/。

八、部分关键名词的译法说明

近年来，齐泽克和拉康精神分析的译本如雨后春笋，对同一个名词的译法也百花齐放，为了让读者更好地掌握复杂的概念，我感觉有需要说明一下我对部分重要名词译法的选择。

（一）菲勒斯 VS 阳具

Phallus 是精神分析的核心概念，台湾的几位学者在《拉冈精神分析辞汇》中采用的译法——阳形——十分聪明，既避免了同阴茎混淆却又具有与阴茎一样的符号功能，不过考虑到拉康本人一直沿用弗洛伊德的 Phallus（阳具，对立于阴茎），并且在拉康逝世后，以雅克–阿兰·米勒（Jacques-Alain Miller）为首的拉康组织及齐泽克等学者均一直沿用Phallus，我自然不敢造次。然而最近内地拉康研究的先行者华南师范大学的黄作教授指出，在华文语境中将 Phallus 译成阳具相当于将它和 penis（阴茎，法语 pénis）等同，说得也是，为了统一普及拉康和齐泽克的理论，我决定跟随黄教授改用"菲勒斯"，让读者阅读时更便利。

至于菲勒斯的形容词 Phallic（法语 Phalllique），若译为"菲勒斯的"在语意上及文法上不太可行，若采用"菲勒斯式""菲勒斯性"作译名则颇为冗长，故决定暂时灵活采用"阳形"作为菲勒斯的形容词使用。

（二）对象 a VS 小对形

虽然拉康主张不翻译 objet a 这个他一生最看重的名词（也作"obet petit a"），但我一直以为完整的翻译对读者更公平和方便，所以多采用"小对形"。现在考虑到学习精神分析者多已习外文，且跟随学术界的主流译法也能方便读者，决定改用"对象 a"或"a"。

（三）真实界 VS 实在界

the Real（法语 le Réel）这个词一般译为"实在界"，但基于以下原因在本书中仍译为"真实界"：

1. "实在"这个词有"充实"的含义，这与和真实界的定义冲突。（根据词典，"实在"有"充实"的意思，而 the Real 这个词在拉康那里却恰好相反：它是一个洞。）

2."实在"还包含"务实""实际"的意思，这又和拉康的理论相反。（中后期的拉康，越来越以真实界作为理论及伦理核心，简单地说，就是反对遵从既定的现实。）

3."真实"这个词摆脱了"实"字里的"充实"含义，使之偏向真的一面，能更准确地表达拉康的 the Real 概念。

（四）真实界和对象 a 的关系

the Real 这个词的重要性不亚于对象 a（齐泽克也常强调，对象 a 本身就是"一小片真实界"），而主流翻译为"实在界"。《新华词典》指出"实"的定义包括"充满：实心。充实"，而《说文解字》则以图像拆解说"以货物充于屋下是为实"。"实"字的这种定义彻底地对立于 the Real 的最重要定义：它不是对象，它抗拒符号化，它具有完全不能为人所理解的性质。拉康在《研讨班十一》中甚至指出，the Real 就是那种"不可能（存在）的东西"，因为它"不可能想象，不可能融入符号界（即人类世界）之中，并且不可能获得"，基于 the Real 是如此虚无缥缈之（非）物，"真实界"看来更准确。同样，在齐泽克那里，一旦撇开《异形》（Alien）和犹太人，真实界往往带有强烈的真相（truth）色彩——就真实界本身作为真相／真理的一个索引而言。

（五）符号界 VS 象征界

就 the Symbolic（法语 le Symoblique）"符号界"明显不是一个完美的译法，但基于日常意义下的"象征"（某词语象征某物）其实是想象界（the Imaginary）的功能，因此虽不理想，在没有其他选择的情况下，我也只有继续采用"符号界"。

（六）快感 / 痛快 / 原乐

Jouissance 译为"痛快"第一眼看上去是极准确的译法（因为这个现象往往涉及很多痛苦），可惜在今天的日常用语中"痛快"这个词不但失去了"痛"的含义，而且倒过来纯粹成为"畅快淋漓"的代名词，彻底丧失了"痛"的含义，因此我决定还是继续沿用有可能过量的"快感"。另一个译法"原乐"则有可能使读者误以为 Jouissance 和原初、前语言或婴儿期的享乐有关，为了避免这个概念陷阱因此没有采用。在原文为"enjoyment"的地方，照样译为"享乐"，其意思基本上和 Jouissance 是一样的。

（七）存有（being）

being 和 existence 这两个词我一直坚持区分，倒不是因为什么翻译原理，而是纯粹认为既然作者选择了不同的名词定有他的理由，译者也最好跟从吧，即使有时两者看似相通，我还是将 being 一律译为"存有"，existence 译作"存在"。我感觉这是翻译者基本的谦虚和谨慎，抵抗那种相信自己已经完全了解文本的自信。

（八）逃入动作

刘纪蕙教授等学者将 Passage to the Act 译为"投入动作"，其中"动作"二字十分准确，尤其因为当中的 Act 不能够译为"行动，以免同拉康及齐泽克理论中至关重要的"行动"（Act / Acte）概念混淆。我在拙著《暴力：六个侧面的反思》中将之译为"失常行动"，现在看来不够准确，至少不够全面。在本书中我想出一个看来比较适切的新译"逃入动作"。为什么将台译的"投"改为"逃"？读者可以参考弗洛伊德的一个案例：女病人与女友在街上谈情说爱的时候被父亲看见，在后者的严厉目光下，她将自己的身体猛摔到紧邻铁路的一面墙上。拉康认为这个自杀动作是一个"投入动作"，这不是朝向任何人发出的信息，因为对这个年轻女性而言符号化已经成为不可能。简而言之，主体在被焦虑袭击时选择了彻底脱离符号界（Acting out 是瞒骗现实，制造虚假表象，但 Passage to the Act 则是完全告别现实 / 世界）。

（九）本我 VS 本它

一直以来，Es 这个概念都被译作"本我"，但是弗洛伊德英文版中的拉丁译名"Id"其实和"我"毫无关联，Id 这个字是"那"的意思。如果我们稍微查一下德语词典就会发现 Es 的意思其实是"它"（"我"的相反），再加上在拉康那里"它"和他性是如此亲近，因此在本书中我将 Es/Id 译为"本它"，以便稍为消解精神分析界长期以来的误会。

致谢

这本译著经过漫长的旅程、历尽曲折，现在终于可出版，也算了却了一桩心事。无论如何，首先应该感谢阮慧勤同学，是她的热心替这本数度难产的书找到了伯乐，同等的谢意也该寄给广西师范大学出版社编辑（拉康即使交谈时也保持了他恶名昭著的晦涩风格，同时齐泽克那些充斥哲学术语的长句也是难啃的骨头，感谢编辑锲而不舍地雕琢修改才免了读者不少痛苦）。此外，本书的校译者王明睿（拉康指定继承人雅克·米勒的弟子、巴黎第八大学精神分析系博士候选人）、筑博设计的冯果川老师和多马、汪民安教授、黄作教授、冯子程（是他一页一页地为本书加入原页码）、王若千、范根定老师、何韦以及其他无法全部一一列出名字的曾经帮助过这本译著的朋友，请原谅此处的省略并接受我最诚挚的感谢！

2020 年夏于尖沙咀

被精神分析穿越的哲学

（中文版前言）

齐泽克

如果可以这么说，我反抗哲学。[1]

——拉康

　　这本拉康入门书常常被批评为聚焦在拉康理论的哲学和政治层面，刻意忽视了拉康是一位分析师、一位执业的临床治疗师。因此让我首先回应这个微妙的问题。

　　只有避免截然二分的陷阱——一方面是将精神分析作为特殊的临床实践，另一方面是作为哲学反思——"拉康与哲学"这个课题才能被恰当地处理。当拉康强调"我反抗哲学"（je m'insurge contre la philosophie），他当然将哲学等同

---

[1]　出自 Jacques Lacan- "Monsieur A." *Ornicar?* 21/22, été 1980, p.17，转引自 http://www.entretemps.asso.fr/Badiou/94-95.Lacan.htm。

为一种"世界观"、一种将宇宙视为统摄一切分裂及不一致性的一个全体。当一个哲学家排除了精神分析的哲学相关性，他毫无疑问会将它缩减为一个仅仅处理（精神病理学的）实存的现象的特殊临床实践。以上两种观点都是错的。它们均错过了两者的交接点（而不是某些更高的两者的综合统一）：哲学与临床的关系正如莫比乌斯环的两面的关系，以至于假如我们进入两者的核心地带，就会发现自己站在了另一面 / 反面。[①]

在整个拉康的教学生涯之中，拉康都在和哲学及哲学家进行一场激烈的辩论，从古希腊唯物主义者到柏拉图，从斯多葛学派到阿奎那，从笛卡尔到克尔凯郭尔，从海德格尔到克里普克。拉康正是通过对这些哲学家的讨论建立了自己的那些基础概念：移情（transference）是通过对柏拉图《会饮篇》的讨论建立的，弗洛伊德式主体（Freudian subject）则通过笛卡尔的我思（cogito），作为剩余享乐（surplus-enjoyment）的对象 a 通过马克思的剩余价值，焦虑及重复通过克尔凯郭尔，精神分析伦理通过康德……

通过持续不断的哲学战斗，拉康毫无疑问与哲学保持距

---

① 莫比乌斯环是一个只有一面的环，只要走到底就能走到"反面"及走回起点。——译者注

离（只要回忆一下他对黑格尔的 Aufhebung 概念又或对站在弗洛伊德式分裂主体的对立面的自我意识概念的嘲讽）；然而，拉康所有同哲学划清界限的绝望企图一次又一次重新确立了他对哲学的投入——仿佛对他来说，界定基础精神分析概念的唯一方式就是通过哲学这条绕道／弯路。虽然精神分析不是哲学，其全部颠覆性来自它不单是某种特定的科学或实践，而是它对哲学产生了激进后果这一事实：精神分析是内在于哲学自身的"否定"（Psychoanalysis is a "no" to philosophy that is internal to it.）。

换言之，精神分析理论指涉的，被哲学模糊化但同时奠定了哲学的一个裂口／对抗性［海德格尔称这个缺口为存有论／本体论的差异（ontological difference）］。缺少跟哲学的这一联结——更准确地说，跟哲学的盲点、跟哲学中被"原初压抑"的东西的这一联结——精神分析就会失去了它的颠覆性并成为又一个纯粹实存的实践（ontic practice）。精神分析处理的真实界不仅仅是主体的精神痛苦之现实，而是——激进得多的——弗洛伊德对这种精神痛苦的解读的（反）哲学推论／哲学意义。

只有这样一种"被精神分析穿越的哲学"能够在现代科学的挑战中生存下来。换言之，哲学在今天是什么？当代科学家的主流回答是：哲学已经过时。即使最基本的哲学课题也逐渐变成科学问题：在今天，有关现实的终极本体论问题（我们的宇宙在时间和空间上有没有一个极限，宇宙是不是被决定的还是在它里面存在真实的偶然性）已经变成由量子宇宙论（Quantum Cosmology）处理的问题；终极的人类学问题（我们是否自由，即我们是否拥有自由意志等等）被进化主义的大脑科学抢去；即使神学在大脑科学之内也被分配了一个位置（大脑科学的目的在于将精神和神秘经验翻译为神经元的过程）。最乐观的情况下，留给哲学的残羹剩饭最多只有对科学发现过程的一种知识论反思（epistemological reflections）。

我这本拉康入门导读，尝试展示"被精神分析穿越的哲学"这一进路如何为我们的日常生活提供新启示。让我举一个（出乎意料的）例子。2016年的《宝可梦Go》（Pokémon Go）是为手机或移动设备而设的一个卫星定位、扩增现实游戏（augmented reality game）。玩家用手机上的全球卫星定位设备及相机去捕捉、打斗以及训练虚拟的宝可梦（Pokémon），这些精灵在屏幕上出现的方式仿佛它们和玩家是在同一个真实世界的地点出现的一样：当玩家在真实世界内移动，代表他们的游戏角色同时在游戏地图中移动。这种扩增现实模式是《宝可梦 Go》和其他电脑游戏不同的地方：远非将我们从真实世界中抽取出来并注入人工虚拟空间，这种技术结合两者。我们通过电子屏幕这一幻想框架来观看现实以及和现实交接、互动，而这个中介框架利用虚拟元素增强了现实。这些虚拟元素支撑着我们参加游戏的欲望、推动我们在现实中寻找它们，缺少了这种幻想框架我们将对现实完全不感兴趣。这听起来不是很熟悉吗？当然了，科技所外在化的不过是意识形态的基本机制——在其最基本层面，意识形态正是原始版本的"扩增现实"。假如我们将事情简化到极点，希特勒难道不就是向德国人提供了纳粹意识形态之幻想框架，从而令他们看见一只到处显现、被视为一切邪恶根源的特殊的宝可梦（即犹太人）吗？同一个逻辑难道不也解释了所有其他必须被加到现实之中以便使之完整和有意义的意识形态伪对象（pseudo-entities）的性质吗？我们可以轻易想象一个当代的反移民版的《宝可梦 Go》游戏，在当中玩家在一座德国城市中游荡，并且被新移民强奸犯或小偷所威胁，这些精灵充斥城市中所有地方。

但我们是不是太快进行了一般化？反犹主义的阴谋论——使我们认为犹太阴谋是我们所有问题的根源——是否和那种将社会生活视为一个经济和权力战场的左翼思路有明

显的差别？在《资本论》那里，在社会生活的所有混乱背后的"秘密"是社会对抗性（social antagonism），而不是可以被个人化/拟人化的个体（戴着精灵这一面具），而《宝可梦 Go》则以固有的方式倾向、以意识形态的拟人化的方式包装社会对抗性。其中一个个案：从各方面威胁我们的银行家形象，我们很容易想象这样一个形象可以轻易地被法西斯民粹主义的财阀意识形态所挪用（贪婪的银行家与"诚实"且具生产力的资本家）。

纳粹反犹主义和《宝可梦 Go》游戏之间有一个简单的基本的相同之处：虽然《宝可梦 Go》将自身呈现为某种全新的、建基于最新科技的东西，它实际上依靠的是一种旧的意识形态机制。意识形态就是扩增幻景的实践。宝可梦迫使我们面对幻象的基本结构，将现实 ① 转化成一个意义世界的幻象功能。这就是为什么说宝可梦是我们的未来——因为它早就已经是我们的过去。

那么，这和资本主义有何关系？幻象在资本主义中扮演了什么角色？很明显，资本主义幽灵是一只在它所启动的疯狂活动背后潜伏的宝可梦。然而在此我们要更准确一点，拉

---

① 此处的"现实"应该是指未获得意义的"前现实"材料。——译者注

康的幻象公式是 $\$ \diamondsuit a$，主体遇上对象 a，即拉康称之为欲望原因或剩余享乐的东西，在此，与马克思理论的联系成为关键。在 1973—1974 年名为"不受骗者犯错"研讨班课堂的第 11 周，拉康以一个直接挑战自己的问题作为起点：在这里出现的拉康，他发明了什么？他的回答是："就像那样，让事情能够运转：对象 a。"因此，答案不是"欲望是大他的欲望""无意识像语言那样结构""不存在性关系"或其他惯常清单上的东西。拉康马上强调他所选择的并非在众多可能选择中的一个，而是（唯一的）那一个。

那么，这个神秘的对象是什么？在当年希区柯克和特吕弗的对话之中，希区柯克回想起一个他本来想插进《西北偏北》的最具代表性的场景——这个场景从未被拍摄，毫无疑问是因为它太赤裸地呈现了希区柯克作品的基本模版，其实质拍摄将产生浮夸的效果：

我想安排主角加里·格兰特和一名福特汽车厂的工人进行一段长谈，他们一边谈一边沿着汽车的组装线步行。他们的背景是一辆汽车正在被组合起来，一个零件一个零件的。最后，那辆他们看着它从零组装起来的汽车完成了，加了汽油，准备好马上从流水线上开走。这两人看着对方说："是不是很美妙！"然后他们打开车门，一具尸体从里面滚出来。

　　在这个长镜头之中，我们看到的是生产过程的基础统一性——而那具横空出世的神秘尸体难道不就是在生产过程中"无中生有的"剩余价值的代名词吗？这具尸体是最纯粹的剩余对象，对应主体的对象化对应点，主体活动的剩余产品。让我们用另一个例子澄清这个对象如何运作。在电视剧《灵书妙探》(Castle) 之中，畅销侦探小说作家理查德·卡斯尔与纽约谋杀案警探凯特·贝克特合作，一起侦破纽约城内几宗谋杀案。贝克特起先为了被迫和一个作家合作而感到很恼火，但两人很快就和对方互有好感。正如大家所期待的，这套剧集的高潮情节聚焦于两人不断升温的罗曼史。

　　进行中的谋杀调查因此很明显是一个对象 a，即他们的相互欲望的对象原因，一个迫使他们共度大量时光的对象原因。问题在于，当他终于向对方承认爱意并进入一种完全的情欲关系时，他们是否还需要谋杀调查这一前设？第 4 集（"他写的谋杀"）面对了这一死结：男女主角决定在前者的别墅共度一个罗曼蒂克的周末，正当女主角在泳池边要献身的时候——在男人面前解开浴袍的衣带——一个濒死的男人穿过屋后的灌木然后倒毙在池水里。

这个出乎意料的入侵发生的时刻很重要：就在发生前，男主角看着女人的裸体，明显地被迷惑并且充满欲望，但也带着一丝绝望的暗示，仿佛他正在等待某些东西入侵并阻止戏剧 / 做爱高潮的完成。尸体入侵的作用毫无疑问是彻底的模糊的：它的出现并不仅仅是为了要破坏一个完美的性爱周末，它同时是维持欲望的东西。

在此，我们得到了希区柯克想象中的完美电影场景中的那具尸体，只是拥有不同的功能：它不是作为生产的剩余（surplus of production），而是成为一个在性关系中设置障碍的剩余对象（surplus object）。在卡斯尔的欲望对象（凯特）和他的欲望之对象原因（一具启动谋杀调查的尸体）这两者间的张力的全部模糊性，在此完美地展示了拉康的不存在性关系的命题：

仅有情侣两人，欲望永不可能成功运作，它需要一个障碍物作为其动因。

但我们可能走得太快了，对象 a 在拉康的教学中有很长的历史，在拉康系统地参照马克思在《资本论》中对商品的分析之前二十年早已存在。但毫无疑问，正是拉康对马克思理论的这一参照，尤其是马克思的剩余价值论（Surplus-value，德语 Mehwert），容许他将对象 a 定义为剩余快感（plus-de-jouir，德语 Mehrlust）的成熟理论：在拉康对马克思有关商品分析的讨论中，渗透着一个主导主题，即马克思的剩余价值与拉康命名为剩余快感的东西这两者间的结构性同构关系——拉康称之为剩余快感的东西就是弗洛伊德称为 Lustge-winn 的东西，一种"快感增加"，其不专指一个简单的愉快感的提升，而是由主体获取快感的形式化迂回所提供的额外快感。想一想通过它的精巧的语义双关、口是心非的否认等等，一个调情的诱惑过程获益不少：这些迂回不仅仅是文化复杂化或围绕着一些硬核真实界的升华——这些硬核真实界是被次级/继发的迂回回塑性地构成的，它"自在地"是一个虚构物。

在力比多经济（libidinal economy）之中，不存在（不受强迫性重复运动的反常所困扰的）"纯粹的"愉快原则。以同样的方式，在商品交换领域中，不存在封闭的回圈（为了取得购买另一个商品的钱而卖出一个商品），不存在不受那种为了累积更多钱而交易商品的逻辑所腐蚀的回圈。在这种交易逻辑之中，钱不再是商品的交易媒介而成为目的本身（end-in-itself）。马克思称之为 C–M–C 的公式——为了购买另一商品而交换商品取得钞票的封闭交易——最终是一种虚构，其功能是为交易过程提供一种"自然的"基础（即声称"交易不是关于钱和更多的钱，交易的整个要点在于满足具体的人类需要"）：C-M-C 不纯粹是在后来才受到利润导向的 M-C-M 的污染，而是 M-C-M 流通体系的内部虚构。换言之，M-C-M 正是一个症状点，在当中一个裂口或逆转（从一开始就在运作，甚至在最简单的商品交易当中也早已存在）破门而出。

这种快感增加的过程通过重复来运作：人们忘记了目标然后重复同一个动作，一次又一次地尝试，以致真正的目的不再是原来的目标而是重复地达到此目标的运动本身。我们也可以用形式和内容的概念去理解它，"形式"代表移向被欲求的内容的形式、模式；而被欲求的内容（对象）则承诺提供快感，正是这种追求目标的形式（程序）提供了一种剩余快感。一个朋友告诉我一个美国故事。当每天晚上沃尔玛超市关门以后，很多堆满了商品的手推车被抛弃；大部分都是刚刚陷入贫穷的中产家庭扔下的，他们再没有钱随意买东西，因此他们——通常是全家人——到超市完成购物的仪式（将他们想要和需要的东西抛到手推车里），然后弃置堆满货品的手推车。通过这种令人悲伤的方式，他们以单纯孤立的方式获得了购物的剩余快感。我们不是常常参与类似的活动吗？即使这些活动的非理性并不那么直接地可见。我们带着一个清楚的目标（包括购物）做一些事情，但我们其实不在乎这个目标，因为真正的满足感来自过程本身。

沃尔玛超市的故事不过是暴露了早已存在于真实购物过程中的东西。这个例子同时使我们看清快感增加和剩余价值之间的联结：过程的目的不是它原本的公开目标（一个需要的满足），而是过程本身扩张性的自我再生产。譬如，吸吮母亲乳房的真正目的不是喝奶，而是吸吮的快感。以一种同构的方式，在剩余快感的问题上，商品交易过程的真正目的不是获取一个可以满足我们需要的商品，而是资本的扩增式自我生产本身。这个过程本身是无休止的，没有一个终点。

并且，同一个道理不是同样适用于官僚机构吗？在特里·吉利姆（Terry Gilliam）的电影《妙想天开》（Brasil）完美地展示了官僚快感的疯狂过剩，如何在自动流通之中自我增生。当男主角山姆（乔纳森·普雷斯饰）的水管（又为空调）崩溃后，他向国家修理服务中心要求紧急帮助。一个神秘的罪犯，达脱（罗伯特·德尼罗饰）闯入他的公寓，其颠覆性的活动是偷听人们的紧急求助然后马上在客户面前出现，免费修理好山姆的水管，直接绕过了毫无效率的国家修理服务中心的系统程序。确实，对于一个陷于快感的邪恶循环的官僚系统，终极的犯罪就是简单直接地完成应该要完成的工作——假如一个国家修理服务中心确实完成了它的任务，（在其无意识力比多经济体的层面）这会被视为一个不幸的副产品。因为它的大部分能量用于发明复杂的行政程序，以便容许它无限地发明新障碍并无限期地推迟完成任务。

在电影的第二个场景，我们在一个塞满政府官僚的走廊中看到一个领导者（手握大权的高官）被一大群下级行政人员包围。后者不停大声叫喊，要求高官给予具体意见或决定，而高官则紧张地快速喷出"高效率的"回复（"最迟明天要完成这件事！""翻查那份报告！""不，取消那个会面！"……）。很自然的，一个紧张的高亢活跃的表象就是一个预设的表演，目的是掩盖一个正在模仿并玩弄"高效率行政"的自我沉溺的、无意义的奇景。又一次，一个来自没完没了的官僚表演的剩余快感的个案，一个更多快感（mehrgenuss）的个案。

然而假如人们想看一看愉快与快感之间对立的一个临床上清晰、更极端的案例，只需看看戈培尔那篇以"总体战争"（total war）为题的（恶名）昭著的演讲《你们想要一场总体战争吗？》（"Wollt Ihr Den Totalen Krieg?"）。这个演讲发表于 1943 年 2 月 18 日柏林的体育宫（Sportpalast）。在这篇演讲中，面向一群被斯大林战役的大败仗所震惊的公众，戈培尔说他完全承认困难（假如不是绝望的）时刻，然后他问了群众十个问题（毫无疑问，他的每个问题都要求得到一个热情洋溢的"是"作为回答），下面是部分片段：

　　我问你们：你们和德意志民族下定决心要每天工作十、十二个小时吗，假如有需要的话每天要工作十四或十六个小时，并且为了胜利而献出你们的一切？……我问你们：你们想要总体战争吗？你们想要吗，假如有需要，甚至比我们今天能够想象的更全面、更激烈？……我问你们：你们对元首的信心比以往更热烈、更不可动摇吗，你们是否做好准备追随他走上他的道路，并采取一切必要的行动使战争取得绝对和无限的成功？……我第十个问题以及最后的问题：这是否是你们的愿望，即使在战时，按照党的纲领的命令，平等权利和平等责任将被推行，家园战线将表现它的团结并肩负同样沉重的战争负担，而这个负担要平等地分配，不论一个人是伟大抑或渺小、是贫穷或富有？……我已经问你们。你们已经给我你们的回答。你们是国家／民族的一部分。你们的回答因此已经展示了德国人民的态度。你们已经告诉我们的敌人他们必须知道的事情，以免他们存有幻想和错误的情报……现在，人民起来吧，让风暴开始！

　　戈培尔这些问题所要求的是一个对愉快感（pleasure）的巨大放弃和更多的牺牲，甚至极端的牺牲，绝对及无限制的牺牲；戈培尔承诺一场甚至比我们今天能够想象的更总体化和激烈的战争，平民每天工作十六个小时……在演讲的高潮时刻他狂喜吼叫的声音以及怪异的吓人的面容见证了一种放弃／牺牲这一姿态本身的快感（jouissance），这种快感超越想象并步向绝对。在这些时刻，向外的愤怒含蓄地变成被动性，仿佛面容以高潮的方式扭曲，被动地经历一种痛苦的情欲——痛苦中的快感的例子，假如它曾存在于世上的话——一种被扭曲的康德式崇高（Kantian sublime）的表情，在当中放弃所造成的痛苦与一种见证本体性的狂喜重合。

　　因此容许我在这个黑暗的时刻总结，我带着一种期待，即读者在看完此书后将会同意拉康能够帮助我们理解社会中最黑暗现象的观点，并且让我向译者表达我对他的工作的诚挚感激！

目　录

导 论

让我们试下对自己执行一点洗脑程序。[1]

2000 年，弗洛伊德的《梦的解析》出版 100 周年纪念年，伴随着有关精神分析已经死亡的新一波得意扬扬的欢呼声：在大脑科学新进展的影响下，精神分析终于被安放到它原来属于的地方，同宗教忏悔者和解梦者一起，被埋葬在前科学式蒙昧主义对隐秘意义的探求的地下仓库中。正如托德·杜弗雷斯内（Todd Dufresne）所言，人类思想史上从未有一种思想错得如此离谱，它所有的基础概念都是错的——某些人会顺便多加一句：马克思除外。[2] 首先是斯蒂芬·库尔图瓦（Stéphane Courtois）那本列举所有公有制分配规则的

---

[1] Jacques Lacan, *The Ethics of Psychoanalysis*, London: Routledge, 1992, p.307.

[2] Todd Dufresne, *Killing Freud: 20th Century Culture and the Death of Psychoanalysis,* London: Continuum Books, 2004.

"黑皮书"，其次是列出所有精神分析的理论错误和临床欺诈的《精神分析黑皮书》(*The Black Book of Psychoanalysis*)。[①]至少，通过这种负面的方式，马克思主义和精神分析的团结为世人所见。

这种在葬礼上的演讲是有意义的。一个世纪以前，为了在现代欧洲的历史中定位他所发现的无意识，弗洛伊德提出了三种对人类的连续羞辱——正如他所讲的三种"自恋病"。首先，哥白尼展示了地球环绕太阳自转并因而剥夺了我们人类在宇宙中的中心位置。其次，达尔文证明了人类来自盲目的生物演化，从而剥夺了人类在生物中的优越地位。最后，当弗洛伊德本人清晰地揭露无意识在精神机制（psychic processes）中的统治角色，我们就清楚地明白自我（ego）不是它自己的主人。在一百年后的今天，一个更极端的图景正在显露——最新的科学突破似乎正在人类的自恋性自我形象之上加上一系列（新）羞辱：我们的心智（或精神）只不过是一部处理信息的电脑，我们的自由和自主感觉仅仅是用户对这部机器的幻觉。最终，就今天的大脑科学而言，精神分析本身不但不具颠覆性，反而貌似属于那些备受最新羞辱所

---

①   Jacques Van Rillaer, Didier Pleux, Jean Cottraux etc., *Le livre noir de la psychanalyse: vivre, penser et aller mieux sans Freud*, Paris: Arenes, 2005.

威胁的传统人文主义领域。

那么，精神分析在今天是否真的已经过时？貌似在三个互相联系的层面上是这样的：（1）科学知识的层面：认知主义—神经生物学提倡的人类心智模型，看似取代了弗洛伊德的模型；（2）精神科门诊的层面：药物和行为主义治疗迅速抢去精神分析治疗的阵地；（3）社会环境的层面：在今天占统治地位的享乐主义式放纵（hedonistic permissiveness）面前，弗洛伊德的有关压抑个体性驱力（sexual drives）的社会及社会规范形象看来已不再有效。

无论如何，在精神分析这一个案中，悼念一个仍要活很久的病人、为他举行追悼仪式可能有点太匆忙了。与那些弗洛伊德的批评者提倡的"明显"真理相反，我的目的是证明，正是在今天，精神分析的时代才（真正）来临。通过拉康解读弗洛伊德、通过拉康所谓的"回归弗洛伊德"（return to Freud），弗洛伊德的重大洞察终于在它们真正的向度中变得清晰可见。拉康没有将"回归"理解为回归弗洛伊德说过的话，而是理解为重新回到弗洛伊德本人没有完全意识到的弗洛伊德革命的核心之中。

拉康通过对整个精神分析体系进行语言学解读来"回归弗洛伊德"，这种解读也许可以被一个最为人知的公式所总括：无意识就像语言一样被结构（The unconscious is structured as a language）。有关无意识的最主流的观感是它是某种属于非理性的驱力领域、某种敌对于理性之有意识的自我的东西。

对拉康来说，这种无意识概念属于浪漫主义的生命哲学（Lebensphilosophie），它和弗洛伊德完全无关。弗洛伊德式无意识招来这么大的诽谤，不是因为理性自我将自己臣服于更巨大的盲目非理性本能的领域，而是因为无意识自身遵守它自己的文法和逻辑——无意识的谈话和思考。无意识并不是野蛮驱力的蓄水库，等待着自我去征服它，而是一个容许创伤性真理发声的场所。在此存有拉康版的弗洛伊德口号"wo es war, soll ich werden"（本它曾触及的，自我将要成就）：不是"自我应该征服本它（Id）"——无意识驱力的场所——而是"我应该有勇气迫近我自己的真理所在"。在"那里"等着我的，不是一个需要我认同的深刻真理，而是一个难以忍受的真理，我们要学习接受它。

那么，拉康的概念如何区别于主流精神分析学派的思想、弗洛伊德自己的思想？同其他学派比较，第一个进入我们视线的亮点是拉康理论的哲学要旨。对拉康来说，在最根本的层面上，精神分析不是治疗精神困扰的理论和技术，而是迫使个体面对人类存在的最激进维度的一套理论和技术。精神分析并不向个体指明如何使自己适应社会现实的要求的方式，与之相反，精神分析的任务是解释像"现实"（reality）这类东西首先是怎样构成的，它并不仅仅赋予人类接受涉及他/她本人的被压抑真理的能力；精神分析解释了真理维度如何在人类的现实中出现。在拉康的视界中，官能症、精神病、性倒错等病理结构应对现实的态度，（本身已经）拥有基本的哲学态度的高度。当我受到强迫型官能症（obsessional neurosis）折磨，这个"病"将我和现实的整个关系涂上一层特殊的颜色，并界定了我人格的全体结构。拉康对其他精神分析取向的主要批判，涉及它们的临床倾向：对拉康来说，精神分析治疗的目标，不是病人病情的好转、成功的社会生活或个人自我的实现，而是引导病人勇敢面对自身欲望的基本坐标和僵局。

4

就弗洛伊德而言，首先引起注意的一点是，拉康的"回归弗洛伊德"口号中被当作杠杆的东西来自精神分析以外的领域：为了打开弗洛伊德的秘密宝藏，拉康动用了一系列五花八门的理论，从索绪尔（Ferdinand de Saussure）的语言学，到列维-施特劳斯的结构人类学，再到数学集合论和柏拉图、康德和海德格尔等人的哲学。难怪大部分拉康的主要概念在弗洛伊德自己的理论中都没有对应物：弗洛伊德从未提及影像界、符号界和真实界（Imaginary, Symbolic and Real）这三者，他从不谈论作为符号秩序的"大他者"（big Other），他谈及"自我"而不是"主体"。拉康借输入其他学科的术语作为工具，切开已经内在于、出现在弗洛伊德理论当中的特质——即使弗氏本人并未意识到这些特质（或区分）的存在。举个例子，假如精神分析是一种"谈话治疗"，假如它通过语言医治病理困扰，那么它必须倚赖某种言说（speech）之概念；拉康的命题是：弗洛伊德当年尚未意识到自己的理论和实践隐含了这个言说概念，而我们只能通过参照索绪尔语言学、言语行为理论和黑格尔的认同辩证法去详细阐释这一概念。

拉康的"回归弗洛伊德"为精神分析提供了一个新的理论根基，这根基也为精神分析门诊带来巨大的成果。[①] 争议、危机、诽谤一直伴随着拉康的道路。在 1953 年，他不仅被国际精神分析协会（IPA, International Psycho-analytical Association）驱逐出会，他的煽动性思想困扰了很多进步思想家，从批判型马克思主义者到女性主义者。虽然拉康在西

---

① 拉康派精神分析可能是在当代治疗领域内获得最广泛应用的学派。——译者注

方媒体中，通常被视为一名后现代主义者或解构主义者，但他清晰地坚持他和这些标签所指涉的范畴有所区别。拉康的一生总是在进步，他打破了那些套在他的名字上的标签：现象学者、黑格尔主义者、海德格尔主义者、结构主义者、后结构主义者。这毫不奇怪，因为拉康教学的最主要特征是永恒的自我质问。

拉康是一个如饥似渴的读者兼解释者。对他来说，精神分析本身就是一个文本解读方法，不论是文字或口头的（病人的言说）。由此可见，还有比实践拉康的解读方式，将其他人的文本和拉康的放在一起阅读更好的解读拉康的方法吗？这就是为什么在本书每一堂课中我们将会看见一段来自拉康的文字挑战另一个人的文字（从哲学、艺术、流行文化到意识形态）。拉康式立场（Lacanian position）将会通过对另一个文本进行拉康式阅读来获得阐明。本书的第二个特点是一刀切的排除：它几乎完全忽略了拉康理论中有关精神分析治疗的部分。拉康首先是一名临床精神科医生，临床医学的视角渗透于他写的每一篇文章和他做的每一件事。即使是解读柏拉图、阿奎那、黑格尔或克尔凯郭尔时，也总是为了说明一个精确的临床问题。正是临床问题的全面渗透容许我们排除它们：正是因为临床课题无处不在，我们才可以抹去它，并将自己限制在它的效果范围之内、限制在它为所有看似非临床事物涂上的色彩之内——这是对临床课题的中心地位的真正测试。

与通过历史和理论脉络来解释拉康的做法相反，《面具与真相：拉康的七堂课》将用拉康本人的理论来解释我们的社会和力比多困境（libidinal predicament）。相对于提供一个不偏不倚的判断，本书将投入一种游击队式解读——拉康理论不可或缺的一点是所有真理都是片面的。拉康自己在解读弗洛伊德时，也示范了这样一种部分取向的力量。在《朝向文化的一种定义的笔记》（*Notes Towards the Definition of Culture*）里，艾略特评论说，存在一些时刻，在当中只能在宗派主义（sectarianism）和不信仰（non-belief）之间二择其一，换言之，在某些时刻保存一个宗教的生命力的唯一方法，是在这种宗教的主体上进行宗派分裂。通过宗派分裂的手段、通过将自己从国际精神分析协会这具正在腐烂的尸体上分割出来，拉康保持了弗洛伊德教学的生命力——同样，今天拉康倚赖我们进行同样的分裂。①

① 由于这是一本拉康入门书，集中于他的基本概念，并且由于这个题目正是我过去二十年工作的焦点，我无法避免对我已出版书籍的某种程度的"食人"（即"抄袭"自己的旧作）。为了补偿，我尽可能在这些借来的篇章中加入新变化。

第一堂课 空洞姿态和述行： 拉康遇上中情局阴谋

语言连同律法（law）的一齐展开，究竟是通过达奈人①的礼物，还是通过赋予了这些礼物一种有效果的非意义（nonmeaning）的那些暗号？在符号意味着约定（pact）的意义下——这些礼物早已是符号，并且它们最初并且首先是它们构建为所指（signified）的那个约定的能指（signifiers）；这在一个事实中清晰可见：用作符号交换的对象/物品——比如永远不放任何东西的瓦罐、重得难以携带的盾、凋谢的小麦束、插进地上拔不出来的矛——全部都注定毫无用处，

---

① 荷马用"达奈人"（Danaoi）指称那些围攻特洛伊的希腊人。礼物是指"特洛伊木马"——让希腊人混入特洛伊城内摧毁它。在希腊古典时期，"希腊礼物"成为表面看似有益但会损害收礼者的好处的代名词，其源头追溯到古罗马诗人维吉尔的句子"Timeo Danaos, et dano ferentes"（我惧怕希腊人，即使当他们携礼而来）。

即使它们没有简单地因为数量太充足而变得过剩。

究竟这种能指的中和化是不是语言本质的全部？假如这个观点成立的话，人们将会在燕鸥身上看见语言之初始挪用。举个例子，在其交配仪式中，通过燕鸥们在彼此的喙之间传递的鱼儿，语言之初始挪用的过程被实现了。并且假如生态学家没搞错的话，即从这个行为当中看见一种激活群体的手段——等同于一个节庆（或派对）——他们就完全有理由把这种行为视为一个符号。①

8 　　墨西哥肥皂剧以极快的节奏拍摄（每天一集 25 分钟的剧集），以至于演员甚至无法在事前知道剧本的对白；他们耳朵里藏着微型接收器，接收他们要做什么的指令，这些演员学会直接演出他们听到的指令（"现在给他一巴掌，然后告诉他，你憎恨他！然后拥抱他！……"）。这个程序告诉我们——根据一般印象——什么形象是拉康口中的"大他者"。作为社会的构成法则，符号秩序是所有说话的生物（speaking being）的第二本性：大他者就在这里，一直指示和控制我的行为，大他者就是一个我每天在里面畅泳的海

---

① Jacques Lacan, *Ecrits: A Selection*, trans. Bruce Fink, New York: W.W.Norton, 2002, pp.61-62.

洋，然而它终究是无法理解的，永远不可能将它摆在我面前然后完全掌握它。这就仿佛我们——语言的臣民／语言主体（subjects of language）——像木偶一样说话和交往，我们的言语和姿态／动作（gestures）被某个彻底无处不在的隐形机构所操控。这是否意味着，拉康认为我们——人类——只不过是一种次级现象、一种没有真实力量的幻影？而我们认为自己是自由行动者的自我感知／观感只是一种用户幻觉（user's illusion）？这种用户幻觉则掩盖了我们是大他者的工具这一事实，而大他者则躲在屏幕背后操控一切？

然而，上面简单化的概念遗漏了很多大他者的特征。对拉康来说，人类的现实是由三个互相缠绕的层面所构成：符号界、影像界、真实界。国际象棋可以很好地示范这个三元关系。玩家为了参与游戏必须遵从的规则是它的符号维度：从纯粹形式化的符号化立足点，"骑士"的定义就等于这角色的移动方式。这个层面明显不属于影像界——也就是说众多象棋角色被名称形塑和描述的层面（国王、王后、骑士）——并且我们很容易想象另一个游戏拥有一模一样的法则但有不同的形象，而且在当中这个角色（骑士）被称为"信差""跑手"或任何其他名字。最后，真实界就是影响整个游戏过程的偶然状况之全部复杂集合，比如棋手的智力有

9

可能使棋手感到慌张或直接结束游戏的不可预测的干扰。

大他者在符号层面运作。那么，这个符号秩序由什么组成？当我们说话（或聆听，就这件事而论），我们永远不仅仅在和他者互动；我们的言说活动立足于我们接受并倚赖一个由规则和其他类型前提所构成的复杂网络。首先，世上存在一个称为文法规则的东西，我要自发和盲目地掌握它。假如我一天到晚想着这些规则，我的言说就会崩溃。然后，世上存在（我和他者共同的）同一个生活世界（life world）这一背景，这使我和我的对话伙伴在交谈时能够理解对方在说什么。我遵守的这种规则被一个深刻的分裂所标记：世上存在一些我盲目地、出于习俗而遵守的规则（和意义），但我至少可以部分地意识到它们（例如共同的文法规则）；同时世上也存在我不知道但遵守的规则、我所不知道但缠绕我的意义（例如无意识禁令）。然后，世上存在一些我意识得到，但对外要表现得仿佛我不知道其存在的规则和意义——（例如）我们为了维持体面的外表而以沉默应对的肮脏淫秽的影射。

这个符号空间的作用就像一个我可以用来量度自己的标准。这就是为何大他者可以被人格化或具体化（或对象化）为一个单一能动者（agent）："上帝"，那个从远处看管着我、看管着所有真实个体的"上帝"，或那个在召唤我的理想（Cause）（自由、马克思主义、国家）而且我愿意为之献出生命的（对象）。和其他人交谈时，我从来都不仅是一个和其他"小他者"（Small Other，个体）互动的"小他者"，大他者始终在场。这种对大他者的固有指涉是一个下流笑话的主题，说一个贫穷的农民忍受海难之后，发现自己和名模辛迪·克劳馥（Cindy Crawford）一起流落孤岛。

两人上床之后，名模问农民是否完全满足；他的回答是，但无论如何还有一个小小的要求以便让他的满足感变得完美——名模能不能打扮成他的老朋友的模样，穿上他的裤子，然后允许在俏脸上画胡子？男人向天发誓他不是隐藏的性变态/性倒错者（pervert），只要她执行他的要求就会马上明白。当她执行了他的要求，男人走近女人然后用手肘碰了碰她的肋骨，同时以男性同谋的淫秽微笑告诉她："你知道我遇到什么事情吗？我刚刚与辛迪·克劳馥上床呢！"这个第三者（Third）——他是一个（必须）总是在场的目击者——使人类幻想一种天然、纯真的私人愉悦的可能性。性永远是最低限度的暴露狂行为并倚赖另一个人的凝视（gaze）。

抛开它全部创世/创基力量，就它的地位来自主观预设而言，大他者是脆弱、非实体的（insubstantial）、完全虚

10

拟的（virtual）。只有当主体以假定大他者存在的方式行动（act as if it exists），大他者才存在。它的性质类似于意识形态理想（cause）——譬如马克思主义或民族：个体在大他者当中认出了自身的实体、认出了自己整个存在的根据——这提供了生命意义的终极视界（ultimate horizon of meaing）的参照点，某种这些个体准备为其献出生命的东西。然而，唯一真正存在的是这些个体和他们的活动，因此只有当个体相信它（信念）和根据它行事时，这种实体才是真实的［或实在的（actual）］。正如拉康在他"《失窃的信》讲座"（Seminar on the *Purloined Letter*）结尾部分指出，正是因为大他者这种虚拟特性，"一封信必会到达它的目的地"。我们甚至可以说，唯一完满地且实质上抵达目的地的信，就是一封从未寄出的信——真正的收信人不是拥有血肉之身的他者，而是大他者本身：

保存未寄出的信是它引人注目的特点。书写和寄信都很平常（我们常起草信件然后扔掉它），异常的是，当我已没有寄出的意图时保留信息的姿态或动作。通过储存信件，我们毕竟在某种意义上已"寄出"信件。我们并非放弃我们的观点或反驳它为愚蠢或没有价值（正如我们撕掉一封信时所做的）；相反，我们投给它额外的、信心的一票。我们实质上是在说我们的观点太宝贵了，不能信任真实收信人的目光。这人可能无法掌握信的价值，故此我们将它"寄"给一个幻想中的同类收信人——我们绝对可以指望他以理解和欣赏的态度读信。[1]

上面的情况难道不是同弗洛伊德式症状（symptom）一模一样吗？当我发展出一个症状，我制造出一个有关我最内心秘密的加密信息、我的无意识欲望和创伤。这个症状的收信人不是另一个人：在精神分析师解密我的症状之前，没有人能解读它的内容。然而，谁是收信人？剩下的唯一候选人就是那虚拟的大他者。大他者的虚拟特性意味着，符号秩序不是某种独立于个体的精神实体，而是由个体的持续活动支撑的东西。无论如何，大他者的起源仍不清楚。事情究竟如何运作——当个体交换符号时，他们不只是简单地同对方互动，而且总是在指涉虚拟大他者？当我谈及其他人的意见，问题永远不只是我和你或其他个体在想什么的问题，而是同时是非人格的那"一个"在想什么的问题。当我违反了某

---

[1]　Janet Malcolm, *The Silent Woman*, London: Picador, 1994, p.172.

个正当的规则，我不仅仅在做大多数人不会做的事——我做
"一个人①"不做的事（I do what "one" doesn't do）。

　　这带我们回到本堂课开头那些密集文字：在那里，拉康
提出了不下于一个有关大他者的起源的解析：达奈人是荷马
用作指涉那些围困特洛伊的希腊人；他们的礼物是那匹著
名的木马，当它被特洛伊人接收后，容许希腊人渗透并摧毁
特洛伊。对拉康而言，语言正是这样一种危险的礼物，就像
一个送给人类的特洛伊木马：它免费供给我们使用，然而
一旦我们接受了它，它就寄生在我们身上。整个符号秩序诞
生（emerges）自一个礼物，这个礼物中和 / 消灭了它自身的
内容以便使自己成为一个礼物：关键并非它的内容，而是当
另一方接收它之后，在送礼人和收礼人之间建立的联结。在
此，拉康甚至进行了一些动物生态学方面的思考：海燕将
一条鱼从一个鸟喙传送到另一个鸟喙（仿佛要清楚地说明一
点，即以这种方式建立的联结比最终保留和吃掉鱼更重要），
实际上是在参与一种符号沟通。

　　每一个情人都知道：一个送给情人的礼物，假如它要象
征我的爱，它本身应该是无用的、在充足之中显得多余——

————————————

① 此处"一个人"是双重指涉。——译者注

只有这样，只有暂停礼物的使用价值（use-value），它才能象征我的爱。人类的沟通的特点是不可化约的反身性 ① （re-flexity）：每一个沟通行动同时象征了沟通这个事实。（语言学家）罗曼·雅各布森（Roman Jacobson）称这种完全属于人类的符号秩序之根本哑谜为"寒暄语"（phatic communication）：人类的言说 / 言语永不会单纯传送信息，它总是自我反思地宣布沟通对象之间的基本符号约定。

符号交换的最基础层面是所谓的"空洞姿态"——一项意在被拒绝的邀约（offer）。贝尔托·布莱希特（Bertolt Brecht）在其"教育剧"中对这一点做了深刻展现，其中以《说是的人》（*Der Jasager*）最具代表性。故事中的年轻男孩，被要求自由地同意无论如何都会成为他的命运的一个要求（被扔下悬崖）。正如他的老师向他解释的那样，惯例要求他们询问受害者是否同意，但惯例同样要求受害者表示同意。属于一个社会意味着一个悖论点，在这个点上面，我们每一个人被命令自由地拥抱无论如何都要强加在我们身上的选择并使之看似出于自愿——我们所有人都必须爱国、爱

---

① 反身性指的是沟通行动本身总是已经作为重要信息被包含在内容之内，即沟通形式往往比沟通内容更重要，仪式是最日常的例子；不可化约的意思是这种反身性不能被进一步分析或分解，它是最终极或最底层的东西。——译者注

父母。这种自愿悖论——自由地选择那些任何情况下都属于义务的选项、这种伪装悖论——虽然实际上不存在，但维系此处存在自由选项的表象（appearance）与空洞的符号姿态（empty symbolic gesture）这一概念是严格地互相依存的。这个姿态（一个选项／邀约）是一个意在被拒绝的姿态。

让我们想象一个更具体的处境。在争夺升职的激烈竞争中，我打败了我最要好的朋友，那么恰当的做法是向对方宣布自己将退出，以便让他晋升。而对方的恰当反应是拒绝我的建议——如此一来，我们的友谊或许能获得挽回。在此我们拥有最纯粹的符号交换：一个意在被拒绝的姿态。符号交换的神奇魔力在于，虽然最后我们回到起点，在两个人维系团结的盟约中，双方都有明显获益。在道歉之中存在相似的逻辑：假如我的粗鲁言语冒犯了某人，恰当的做法是诚恳地致歉。而对方的恰当回应则是说出一番类似的话："谢谢，感谢你的好意，但是我不觉得受到冒犯，我知道你不是有意的，所以实际上你不需要道歉！"当然，其要点在于虽然最后没有人需要道歉，人们必须经过一个提出道歉的过程："你不需要道歉"只能在"我"已经道歉之后提出，以致虽然形式上似乎事情不曾发生、道歉的提出被宣布为不必要，然而在这个过程的终点双方都有获益，也许一份友谊已经获得了挽救。然而，假如获得意在被拒绝的姿态的那一方接受了它，情况又会如何？假如，于竞争之中被击败之后，我接受了我朋友所提出的代替他升职的邀请，结果又会如何？这种情况是彻底的灾难：它引致那种一直支撑着社会秩序的（自由）假象（semblance）的解体。这相当于社会实体（social substance）的崩溃、社会关系的彻底溶解。

正是在这种准确意义上，从罗伯斯庇尔（Robespierre）到约翰·布朗（John Brown）的革命性平等主义人物是（至少潜在地是）没有习俗的人物（figures without habits）：他们完全无视那些习俗的存在——习俗抑制了普世标准的机能。

通过空洞姿态建立社会联结这个概念，使我们能够准确地定义心理变态者／反社会者（sociopath）这种人物，反社会者无法掌握的是一个事实："很多人类行动……是为了互相交往本身的缘故而被执行。"[1] 换言之，反社会者对语言的应用，以悖论的方式完美地符合了标准的、常识性的语言概念——语言作为纯粹的沟通工具、作为传送意义的符号。反社会者（仅仅）使用语言，他没有陷入语言之中，而且他对述行维度（performative dimension）不敏感。这一点决定了

---

① Adam Morton, *On Evil*, London: Routledge, 2004, p.51.

反社会者对道德（morality）的态度：一方面他能够描述那些调控着社会交往的道德规则，并且甚至能够在确认道德行为符合利益的范围内道德地行事。另一方面，反社会者缺乏（判断）对或错的"真实感觉"（gut feeling）——换言之，反社会者缺乏以下观念：不论外部社会规则如何规定，作为一个人，有些事情是不能做的。长话短说，反社会者切切实实地践行了由功利主义（utilitarianism）发展出来的道德观。根据功利主义道德观，道德专门指一个我们通过聪明地计算自身利益的方式而采纳的行为（从长期来看，假如我们尝试向最大可能数目的人的享受做出贡献，就会使所有人获利）；对反社会者而言，道德是一种我们学习继而遵从的理论而不是真心认同的东西。行邪恶之事（只不过）是一个计算上的错误，而不是罪行。

因为这种述行维度，每一个我们在语言中面对的选择都是后设选择（meta-choice），即本身是对选择的选择——这种选择影响并改变了我做选择的坐标（或框架）。回忆一下日常情况：我的（性、政治、财务）伙伴要我和他做一个交易，他告诉我的基本上是："求求你！我真的爱你，假如我们在一起，我将会将自己完全奉献给你！但如果你拒绝我，我有可能失控、有可能使你的生命痛苦不堪！"当然，这里的要点在于我并非面对一个简单的选择：信息的第二部分削弱了第一部分——假如我说不，某人就随时要毁掉我，这人不可能爱我和为我的幸福着想——像他在第一部分声称的那样。这个建议所隐含的选项揭露了其背后的真相：憎恨，或至少是对我的操纵性冷漠，同时存在于两个选项背后。当然，（相对于憎恨和冷漠）世上存在一种对称的伪善，由以下的内容构成："我爱你而且会接受你将做出的任何选择，所以即使（你明知道）你的拒绝将毁掉我，请选择你真心想要的对象，而且不要考虑它对我的影响吧！"这个选项的操纵式虚假性当然存在于它"诚实地"坚持并利用我可以说不作为强迫我说好的额外压力："当我如此全心全意地爱你，你怎么可以拒绝我？"

　　现在我们能看见，远远没有视控制人类感知及交往能力的符号界为一种超验的先验框架（transcendental a priori）（一个被预先决定限制了人类实践范围的形式网络），拉康恰恰是对符号化这一动作如何交织在、如何嵌入到集体习俗/集体实践的过程之内的问题感兴趣。拉康曾详细解说过的符号作用（symbolic function）的"双重时刻"所涉及的范围，远远超过了言语的述行维度的标准理论的研究范围——正如这个标准理论的研究传统已从约翰·朗肖·奥斯汀（John

Langshaw Austin）发展到约翰·塞尔（John Searle）：

符号作用将自身呈现为主体里的一个双重运动：人类将自己的行动变成一个对象/物件（object），但仅仅是为了在某个时候将这个对象的奠基性位置（foundational place）还给它。在这种含糊之中——每个瞬间都在运作——存在着行动和知识在当中轮流交替的整个作用过程。[1]

拉康在用作澄清这个"双重运动"的历史例子隐晦的指涉中提供了明确的揭示：

在第一阶段，一个在我们社会中生产层面工作的人，认为自己属于无产阶级这个队伍；在第二阶段，在这个归属的名义之下，他加入一个全体大罢工。[2]

在此，拉康（含蓄地）指涉了捷尔吉·卢卡奇（Georg Lukács）的《历史与阶级意识》（*History and Class Consciousness*）——一部在1923年面世的马克思主义著作，被广泛赞

---

[1] Jacques Lacan, *Ecrits*, pp.72-73.

[2] 同[1]

扬的法文版出版于 20 世纪 50 年代中期。对卢卡奇来说，意识对立于对对象的单纯知识：知识外在于已知对象，然而意识是自在地"实践的"（practical），是一个旨在改变对象的行动（一旦一个工人"认为自己属于无产阶级这个队伍"，这一自我理解改变了他的现实：他采取不同的行动）。一个**16**人采取某些行动，一个人将自己当作（宣告自己是）采取行动的个体，并且，在这一宣言的基础之上，一个人采取了新行动——主体转化（subjective transformation）的真正时刻发生于宣言时刻，而不是行动的时刻。这一宣告的反身时刻意味着，每一个发言不但传送某些内容，而且也同时传达了主体自身如何同这些内容关联。即使是最脚踏实地的对象和活动也总是包含这种宣告维度（declarative dimension）——这个维度构成了日常生活的意识形态。我们永远不应忘记功用（utility）是以一个反思概念的方式产生作用的，它总是涉及一个断言和宣告：功用等于意义。一个人住在大城市和拥有一辆越野车（很明显是对他毫无用处的东西），并不仅仅代表他过的是一种简单直接、脚踏实地的生活；相反，他拥有这样一种汽车的目的是暗示他借助一个代表着简单直接、踏实态度的符号来生活。穿石磨牛仔裤的目的在于暗示某种生活态度。

这类分析的仍未被超越的大师是列维-施特劳斯，对他来说食物同时发挥"思想食粮"的效用。准备食物的三种主要模式（生吃、烤炙、水煮）发挥了符号学三角（semiotic triangle）的作用：我们用这三种模式象征（生吃）自然和（烤炙）文化这两者间的基本对立，也象征这两个对立项之间的调停（在水煮这个程序之中）。在路易斯·布努埃尔（Louis Buñuel）的著名电影《自由的幻影》（*Fantom of Freedom*）之中有一个值得纪念的场景：进食和排泄的关系颠倒了，人们坐在马桶上面围着餐桌愉快地交谈，当他们想进食时，就安静地问管家："你知道，那个地方在哪里？"然后悄悄溜进后面一个小房间。作为对列维-施特劳斯的一种补足，我们被引诱提出粪便也可以充当"思想的食物"：在西方，厕所设计的三种基本类型构成了某种排泄物的对应点——对应于列维-施特劳斯的煮食三角模式。在一个典型的德国厕所，那个我们一冲水粪便就掉进去的洞，是位于前面，以便我们能够先嗅嗅和检查是否有任何疾病的痕迹；在一个典型的法国厕所，那个洞位于大后方，以便粪便能够理所当然地尽快消失；一个典型的美国厕所则呈现一种综合两个对立极的停解——马桶的底盘里充满了水，以便粪便能够在里面浮沉、看得见，但不被检查。难怪，在她那本被半遗忘的小说

17

《怕飞》（*Fear of Flying*）里开头那段有关不同欧洲厕所的著名讨论里，埃丽卡·容（Erica Jong）嘲弄地宣称"德国厕所其实是第三帝国的恐怖统治的线索，能够建造这种厕所的人什么事都做得出来"。很清楚，上述三种厕所类型全部都不能从完全功利主义的角度解释：它们全都包含某种可以被清楚地描述的，有关主体应该如何与来自我们身体内部的排泄物关联的意识形态感知。

黑格尔是最早诠释综合德国、法国和英国这三种截然不同的存在主义的人之一：德国的反思性与彻底性（或严谨性）、法国的革命式仓促性、英国的温和功利主义式实用主义。就政治立场而言，这个三元组可以被解读为德国保守主义、法国革命激进主义和英国温和自由主义；就它们所支配的社会生活层面而言，可以理解为德国形而上学和诗歌与法国政治和英国经济的对抗。通过参考厕所，我们能够在同我们最亲近的领域——排泄功能——之中描绘出同一个三元组：含糊的沉思性迷恋，性急地企图尽快摆脱不愉快的剩余物，将剩余物视为一个将以适当方式被处置掉的普通对象的实用取向。一个学者可以很轻易地在学术会议中宣称我们活在一个后意识形态的世界（a post-ideological universe）——热烈讨论过后，在去厕所的那一刻，他却再次深陷于意识形

18

态之中。

符号交往的宣言维度可以用人类关系中一个微妙情境来展示。想象有一对夫妇，他们间存在一个容许双方进行秘密婚外情的默契。假如突然间，做丈夫的公开告诉妻子自己的情史，她就有很好的理由陷入恐慌之中："假如只是一宗婚外情，为什么要告诉我？肯定有更多原因（something more[①]）！"公开宣告某件事从来都不是中性的，这个行动本身将影响它的言说内容，并且虽然妻子并没有得知任何新情况，言说已经改变了一切。同时，伴侣一方纯粹不谈论任何秘密恋情和公开声明不会谈论自己的秘密恋情（"你知道，我想我有权不告诉你我的所有关系，我的生活中有一个和你没有关系的部分"）这二者存在巨大的差别。在第二种情况中，当双方沉默协定被公开，这种声明本身就只能传达额外的敌意讯息。

在这里，我们要面对的是言说内容（enunciated content）和言说行为（act of enunication）这两者间的差距、人类话语独有的一个不可简化的裂口。在学术界，礼貌地表达我们认

---

① "something more"语带双关地指涉对象 a 作为过多的剩余物、作为"某种内在于我却超出我的东西，某种内在于物却超出物的东西"（something in me more than me, something in it more than it），是精神分析中的核心概念。——译者注

为同事的插话或所讲内容愚蠢沉闷的方式是说："你说的真有趣。"因此，假如情况正好相反，我们公开告诉同事"你刚才说的东西真的既闷又蠢"，那么对方觉得惊奇就完全合理了——"假如你觉得我的话既沉闷又愚蠢，为什么你不干脆说，你说得很有趣？"。这位不幸的同事将坦率的句子视为包含更多其他东西——不单是形容他的论文质量的评语，而且也是对他本人的人身攻击——是对的。

同一个道理，对美国政府高层官员公开承认酷刑这一行为难道不适用吗？美国近期向被怀疑是恐怖分子的被拘留者实施酷刑，而对于那些为这件事担忧的人，流行的貌似令人心悦诚服的解释是："有什么好大惊小怪的？现在美国人只是公开承认不只是他们，其他国家过去和现在也都一直在做的事情——假如有什么不同，那就是我们现在更不虚伪！"对此，我们应该用一个简单的反问来驳斥："假如美国政府高官只是想说明这一点，那么，为什么他们告诉我们这一点？为什么他们不沉默地继续做，就像他们至今一直做的那样？"因此，当我们听到像（美国国防部部长）迪克·切尼（Dick Cheney）这类人发表酷刑有其必要性这种淫秽言论时，我们应该问他们："假如你们仅仅是想秘密地对一些疑似恐怖分子实行酷刑，那么你们为什么要公开这件事？"换言之，应

19

该被提出的问题是：隐含于这种话语之中，并迫使说话者把它公开说出来的那个"更多"（原因或动机）究竟是什么？

同一个逻辑适用于宣言（declaration）的否定版本：不亚于多余的提及行为，不提及（NOT mentioning）或隐瞒某些事情可以产生额外的意义。2003 年 2 月，当美国国务卿科林·鲍威尔（Colin Powell）向联合国大会发表演说，以鼓动其他国家袭击伊拉克时，美国代表团要求用另一个视觉饰物遮盖演讲台墙上的大型的毕加索《格尔尼卡》（Guernica）复制画。虽然美国官方解释称《格尔尼卡》不适合用作鲍威尔的电视（信号）传送的视觉背景，每一个人都很清楚美国代表团害怕的东西：《格尔尼卡》——一幅被视为描绘了空袭战中德国对西班牙城市造成的灾难性后果的画作，假如被用作鲍威尔鼓吹（以拥有超优势军力的美国空军）空袭伊拉克的电视演说的视觉背景，将引致所谓的"错误的联想"。当拉康说压抑和被压抑物的回归是同一个过程时，他的意思就是这个：假如美国代表团抑制自己遮盖《格尔尼卡》的要求，很可能没有人会将鲍威尔的演说同他背后的画作联系起来——正是这个变化、正是掩盖画作的动作，为画作引来了注意力并强加给它错误的联想，（因而最终）确认了画作的真理。

让我们回忆一下詹姆斯·耶萨斯·安格尔顿（James Jesus Angleton）这个独特人物，一位终极的冷战斗士。差不多二十年，从 1954 年一直到 1973 年，他是美国中央情报局反间谍部门的主管，任务是抓捕中情局内部的间谍。安格尔顿——一名富有魅力、高度风格化的人物，受过良好教育且有文学修养（他是艾略特的私人朋友，外表甚至长得很像艾略特本人），是一名有妄想症倾向的人。安格尔顿的工作的基本假设是绝对相信所谓恶魔阴谋（Monster Plot）：一个由苏联克格勃（KGB）"组织中的组织"协调的巨型骗局，它的目的是渗透和彻底控制西方情报网络并最后使西方惨败。为了这个原因，安格尔顿实际上以他们是假变节为理由，不理会所有克格勃变节者所提供的无价情报，有时甚至将他们送返苏联（当然，在当地这批人马上被审判和枪决，因为他们是真实的变节者）。安格尔顿管治的最终结果是彻底的瘫痪——至关重要的一点，在他的时代，从未发现和拘捕过一个真间谍。难怪克莱尔·佩蒂（Clare Petty）——安格尔顿的部门内其中一名高层官员——通过一个结论将安格尔顿妄想症带向它自身的逻辑性自我否定高潮，即阿纳托利·戈利岑（Anatoli Golitsyn）[一名俄国变节者，安格尔顿和他一起陷入一种真实的感应性精神病（folie à deux）、一种共同的疯癫〕是个冒牌货，安格尔顿本人才是成功使美国反苏情报活动瘫痪的大间谍。

事实上，我们被导向一个问题：假如，安格尔顿是一名利用搜捕间谍这理由合理化其活动的间谍又如何〔凯文·科斯特纳（Kevin Costner）的电影《绝路》（*No Way Out*）剧情的真人版本，说的就是这样一个故事〕？假如，真正的克格勃恶魔阴谋，正是一个使恶魔阴谋这个构思开始传播，并因而使中情局瘫痪和预先消灭未来的克格勃变节者。在两种情况中，终极的欺骗以真相本身作为外衣①：存在一个恶魔阴谋（它正是恶魔阴谋这个构想本身），中情局的心脏地带确实存在一个间谍（安格尔顿本人）。在那里存在妄想症位置：妄想本身就是那个它与之战斗的毁灭性阴谋。这个解决方案的微妙之处——以及安格尔顿的妄想症的终极定罪——是，安格尔顿是否真诚地被恶魔阴谋愚弄抑或他其实是个间谍完全没有分别，结果都会完全一样。骗局能够形成是因为我们没有将（全面的）怀疑本身包含在疑犯名单之中——怀疑"怀疑"这一概念本身。

---

① 就"欺骗以真理本身作为外衣"而言，我们可以区分两种骗局：（1）骗局披上一个真实事物的面具，（2）骗局以揭穿骗局作为它的外衣（以真相本身为外衣）。在此或许我们会记起拉康的公式（大意）：人类与动物的区别在于，后者只懂得以假乱真，而人类懂得以真乱真（用真相说谎）。——译者注

让我们回忆一下那个古老的有关工人被怀疑偷窃的故事：每一个夜晚，当他离开工厂时，他的手推车都被仔细搜查，但保安员无法发现任何东西——手推车一直都是空的。终于，他们明白了要点：工人偷的正是手推车本身。这个反身性转折支撑着沟通本身：我们不应忘记将（沟通）行为本身包含在一项沟通行为的内容之内，因为每一个沟通行为同时包含了反身性地表明自己是一项沟通行为的意思。这就是我们要谨记的有关无意识运作方式的第一项要点：（言语或手推车所偷运的）不是藏在手推车内的东西，而是手推车本身。

22

第二堂课　交互被动式主体：
拉康转动西藏经轮

合唱团是什么？你将会被告知合唱团就是你自己。或，也许它不是你。但要点不在这里。这问题牵涉到工具——情绪工具。我的观点是，合唱团就是被感动的人。

因此，在告诉自己你的情绪参与了这种净化之前要仔细看看。情绪参与了——和其他方面一起——当最后这些情绪要被这些或那些诡计抚慰。但是这并不是在说这些情绪直接参与了。一方面，情绪毫无疑问参与了，而你以一种等待被使用的材料的形式身处当中；另一方面，这种材料也是完全漠不相干的。当你晚上去剧场，你被日间的事情——被一支丢失的笔、一张明天要签的支票——搞得心事重重。你不应太过归功于自己。台上展示的健康的秩序控制了你的情绪。

合唱团控制了它们。合唱团为你做出了情绪的评论。^①

虽然拉康在这里所描述的场面很平常——在剧院里人们正享受一场希腊悲剧——他对这场景的解读清晰地表明某些奇怪的事情正在发生：就好像某些他者的身影——在这个个案中的合唱团——能够取代我们、代替我们体验我们最内在和最自发的感觉和态度，包括了哭声和笑声。在某些社会，同一个角色由所谓的"哭泣者"（被雇到丧礼上哭的女人）扮演：她们能够为死者的亲人表演哀恸的奇观，后者则奉献他的时间给更有利可图的事业（例如处理如何分割遗产）。类似于西藏的祈祷经轮，我将一张写有祷文的纸贴到轮上，机械地转动它（或，甚至更实际地，让风力转动它），而经轮就会代我祈祷——就好像斯大林主义者将会说的，"客观上"我在祈祷——即使我的思想正被最淫秽的性幻觉占据。为了驱除那种认为这种事情只会在"原始"社会中发生的幻觉，试回想一下电视屏幕上的罐头笑声（canned laughter）[被加插进（电视节目）声带中的对喜剧场面的预制笑声]：即使我完全不笑，只是简单地瞪着屏幕，在一天的辛勤工作

23

---

①   Jacques Lacan, *The Ethics of Psychoanalysis*, p.247.

后累坏了，我还是照样感到释放，仿佛电视声带已经代替我笑了。

为了正确地掌握这个古怪的过程，我们应该用它的诡异分身（uncanny double）——交互被动性（interpassivity）——来补充交互主动性（interactivity）这一时尚概念。① 有一种陈腔滥调，强调伴随着新型电子媒体的发展，对一件艺术作品或文本的被动消费已成为过去：我不再只是瞪着屏幕，我越来越能和它互动，和它进入对话的关系（从选择节目、参加虚拟社区中的辩论，一直到在所谓"互动式叙事"中直接决定剧情的发展）。那些赞扬新媒体的民主潜能的人，一般正是聚焦在这些特点：虚拟空间打开了人们突破被他人所设置的景观拖着走的被动观察者角色的可能性，并不单在制造景观的层面上主动参与，而是越来越多地参与建立景观的规则。

交互主动性的另一面是交往被动性。和对象互动（而不是仅仅被动地被节目拖着走）的反面是这样一个情境：对象接管了我的被动性、剥夺了我的被动性，以至于对象本身取代了我在享受表演，将我从享受的义务（duty to enjoy）中释

---

① 在这里主要参考 Robert Pfaller, *Illusionen der Anderen*, Frankfurt: Suhrkamp, 2003。

放出来。几乎每一个强制性地收录电影的 VCR 录像迷（我是其中一个）很清楚地意识到，拥有一部 VCR 录像机的即时后果：比起只有简单电视机的美好年代，我实际上将会少看电影。人们总是没有时间看电视，因此，同失去一个宝贵晚上的情况相反，人们干脆录下电影并储存起来供将来观看（当然，人们几乎永远没有时间看录像）。虽然我实质上不看那些电影，意识到我喜爱的电影已被放进影片库，给我深刻的满足，并且偶尔允许我沉溺在精巧的什么都不做的艺术之中——仿佛录像机已经站在我的位置代替我看电影。VCR 录像机代表大他者——符号登录的媒介。看来，在今天，连色情电影都越来越倾向交互被动性的运作方式：被评定为色情级别的电影不再必然为了他（或她）的自慰活动而刺激用户——单单瞪着"行为在当中发生的"屏幕已经足够，单单观察他者如何站在我的位置上（代替我）享受对我来说已经足够。

另一个交互被动性的例子是，我们全都熟悉一个人说了一个没有品位的烂笑话，然后当他身边没有一个人笑的时候，他自己却爆出一串笑声，重复着"真有趣"或者类似的话语——也就是说，他演出了他预期观众会出现的反应。这与罐头笑声相似，但还是有所不同。代替我们笑的那个代理人（换言之，通过他本人，我们这群被闷坏和感到尴尬的公众照样还是笑了）不是那个作为隐形人工公众的匿名大他者，而是笑话叙述者本人。他的强制笑声类似当我跌倒或做了蠢事后觉得有责任发出的那一声"哎呀"。最后这个例子的神秘之处在于，另一个只是目击了我们的错失的人可以代我们说出"哎呀"这个词，而且有效。"哎呀"的功用是为愚蠢错失进行符号登录：虚拟的大他者要被告知这件事。回想一下一个典型的微妙情境，一个封闭的团体内所有人都知道某些肮脏细节（同时他们也知道其他人全都知情），然而当他们中的一个漫不经心地泄露了这个细节时，他们还是照样全都感到尴尬——为什么？既然都是旧闻，为什么全体都感到尴尬？因为他们不能再假扮（就像）他人不知道——换言之，因为现在大他者已经知道了。那里存在着安徒生童话"皇帝的新衣"的教训：我们永远不应低估表象的力量。有时，当我们漫不经心地搅动了表象，表象背后那个事物本身也会分崩离析。

这种交互被动性与黑格尔"理性的狡猾"（List der Vernunft）概念相反，后者意味着我通过大他者维持主动：我可以维持被动、在后台舒服地坐着，而大他者为我完成任务。代替我用铁锤敲打金属，机器可以代劳；代替我转动石磨，水力可以代劳：通过在我和我工作的对象之间插入另一个自然对象，我达成了我的目标。同一件事可以发生在人际关系的层面：我并没有直接攻击我的敌人，而是挑起他和另一个人的打斗，以便我可以舒服地观察双方互相摧毁［对黑格尔来说，这就是绝对概念（absolute Idea）如何一直支配着历史。它自身站在冲突之外的地方，让人类的热情在相互斗争中为它完成它的工作。譬如古罗马从共和过渡到帝国的历史必然性，利用尤利乌斯·恺撒（Julius Caesar）的热情和野心这个工具来实现自身］。相反，在交互被动性的个案中，我通过他者维持被动：我向他者割让我的体验的被动方面（享受），与之同时我能维持主动地参与（当录像机替我享受之时，我可以继续在晚上工作；当哭泣者代我哀号的时候，我可以为死者的遗产做财务安排）。这一点带我们来到虚假主动性／虚假活动（false activity）：人们不但可以以行动来改变事情，也可以通过行动阻止事情发生，以确保（最终）不会有任何改变。在这里存在着强迫型官能症患者的典型策略：他疯狂地保持活跃（或主动）以便阻止真实事件的发生。举个例子，在一个某些焦虑感威胁要爆发的群体情境中，偏执狂官能症患者不停地说话以阻止沉默的棘手时刻令参与者公开面对潜在的不安。在精神分析治疗中，强迫型官能症患者无时无刻不在发言，以趣闻、梦境、启示淹没分析师。他们永无休止的主动性被一个潜在的恐惧感维持：假如他们停下来一秒钟，分析师将会提出一个真正要害的问题——换言之，强迫症患者利用（不停的）谈话来麻痹分析师。

今天，即使在真正进步的政治中，真正的危险并不是被动性，而是虚假主动性——维持主动和参与的冲动。人们无时无刻不都在介入、试图"做些事"（do something），学者们参与无意义的辩论；真正的困难是退后一步并（从惯性之中）抽身而出，当权者常常宁愿喜欢一种批判性参与而不是沉默——仅仅为了将我们带进对话（状态），以确保我们的不祥的被动性被打破。针对这种使我们全天候主动以确保不出现任何真正改变的交互被动模式，第一个真正批判性步骤是后撤到被动性之中，并拒绝参与。这一步为真实主动性，为一个将真正改变场景坐标的行动清除了障碍。

在预定论（Predestination）这一基督新教概念之中，我们遇上某种近似这种虚假主动性的东西。基督教预定论的悖论在于，那种声称我们的命运预先被决定，而救赎不依赖我们的行动的神学，让资本主义——触发了人类史上最疯狂的生产活动的那个社会系统——得以合理化。事物是预先被决定的，这一事实——即我们对命运的态度是一个被动受害者的态度——促使我们将自己投入永无休止的疯狂主动性之中。我们不停地活动，以便支撑大他者（在此即上帝）的不变性（fixity）。

这样一种从我们最私密感觉和态度到大他者的某个形象的置换（displacement）出现在拉康的大他者概念的最核心。它不单影响感觉，也影响信念和知识——大他者也能代我去相信和认知。为了命名这种主体知识向另一个的置换，拉康提出了"假定知道的主体"（subject supposed to know）这一概念。在电视连续剧《神探可伦坡》（Columbo）里，罪案——谋杀行为——被预先仔细地展示出来，因此，我们要解决的谜题不是谁是凶手，而是究竟侦探如何在骗人的表面［案发现场的"显在内容"（manifest content）——借用弗洛伊德梦的理论的术语］和罪行的真相［它的"潜在内容"（latent content）］这两者间建立联系：他如何向歹徒证明他或她有罪。《神探可伦坡》的成功验证了一个事实：侦探工作之趣味的真正来源是它进行解密的过程本身，而不是解密的结果。

比这一点更关键的一个事实是，不但我们（观众）预先知道谁是凶手（因为我们直接看见了），而且——莫名其妙地——侦探可伦坡本人马上知道了：当他到访罪案现场并遭

28

遇被告的一刻，他就百分百肯定，他直接知道是被告做的。他其后的工作和"谁做的"的解谜无关，而是涉及他怎样向被告证明他就是犯案者。这种正常次序的奇怪颠倒包含了神学意义：在真正的信仰之中，我首先相信上帝，然后根据我的信仰，我才受到那些证明我的信仰的真相的证据影响；同样，在这里可伦坡首先通过一种神秘但绝对无误的确定性获知谁犯案，然后才根据这个无法解释的知识收集证据。

以稍微不同的方式，这说明了站在"假定知道的主体"位置的分析师如何在治疗中产生作用：一旦病人进入治疗，他就有同一种绝对确定性，即分析师知道他的秘密（这仅仅意味着病人自视为犯下隐藏某个秘密的先验的"罪行"，存在一个有待从他的行为中抽取的秘密）。分析师并不是一个透过不同假设窥探病人、找寻证据的经验主义者；相反，分析师使病人的无意识欲望的绝对确定性具象化（拉康将它和笛卡尔的"我思故我在"比较）。对拉康来说，这种将内在于我无意识中的一个我早已知悉之物转移到分析师这个形象之上的变位/转移，是治疗中的移情现象的核心：只有假定分析师已经知道我症状的意义，我才能够抵达我的症状的无意识意义。弗洛伊德和拉康的区别在于，当弗洛伊德聚焦于移情作为一种主体间关系的精神动力学（病人将他对父亲的感觉转移到分析师形象之上，以致当他看来在谈论分析师之时，他"真正"谈论的是他父亲），而拉康从移情现象的经验论内容（empirical wealth）推论出预设意义的形式结构①。

移情所展示的更普遍的规律是，某些新内容的发明常常只能在回到过去的原初真相这一幻觉形式之中产生。回到基督新教这个话题，路德（Luther）完成了基督教思想史上最重大的革命，并称这只不过是恢复那个几个世纪以来被天主教衰退所模糊的真理。同一个逻辑适用于民族复兴：当民族族群将自己组成民族国家，按照惯例，他们将这种组成构想为"重拾古老和被遗忘的民族根源"，他们没有意识到的是，正是在这种"回归"的行动中，他们发明了传统（正是在回归对象的行动中，他们发明了对象）。正如每一个历史学家都知道，苏格兰裙（以它们现在为人所知的形式）是在19世纪的进程中被发明的。

很多拉康的读者没有注意到的是，假定知道的主体这一形象为何是一个次级现象、一个例外，某种从假定相信的主体（subject supposed to believe）这一更基础的层面崛起的东

---

① 经验论内容推论出预设意义（指病人的内心"秘密"）的形式结构（the formal structure of the presupposed meaning）。——译者注

西，而假定相信的主体是符号秩序的构成性特征。[①]有一个著名的人类学趣闻是这样的：那些被我们视为拥抱特定迷信信念（譬如，他们是一条鱼或一只鸟的后代）的土著，当被直接问到信念时，他们回答："当然不信——我才没有那么笨！但别人告诉，我们的一些祖先确实相信……"换言之，他们将自己的信念转移到其他人身上。难道我们对自己的小孩儿不是正在做同样的事情吗？我们演出圣诞老人的仪式，因为我们的孩子（被假定）相信这个故事，而我们不想使他们失望；而孩子们则假装相信以便不让我们和我们对他们的纯真的信念失望（以及——很自然地——获得礼物）。这种寻找一个"真的相信"的他人的需要，难道不也正在驱使我们将其他人污名化为宗教的或民族的原教旨主义者吗？

以一种诡异的方式，某些信念看似永远在一定距离之外运作：为了使这信念运作，必须存在某个信念的终极担保人（ultimate guarantor）、某种真正的相信者，然而这个担保人永远被延迟、置换、永不在（具体）人物之中出现。那么，信念又如何可能？这个被延迟信念（deferred belief）之恶劣循环如何被打断？要点当然在于，这个直接相信的主体根本

---

① Michel de Certeau, "What We Do When We Believe", in *On Signs*, ed. by Marshall Blonsky, Baltimore: The Johns Hopkins UP, 1985, p.200.

不需要存在：精确地说，只需假设他存在就已足够、相信他的存在——要么借助一个脱离现实的神话式奠基人物的掩护，要么借助那非人格的"一个人"，抽象的能动者——"他们说……"或"人们这样说……"。

至少，在我们这个争夺"后意识形态"头衔的时代，这似乎是当代的信念的主流状况。物理学家尼尔斯·玻尔（Niels Bohr）早已巧妙地回答了爱因斯坦的"上帝不掷骰子"（"不要告诉上帝他该做什么！"），同样提供了一个有关信念的恋物式拒认（fetishist disavowal）如何在意识形态中运作的完美例子：当看见他家门上的马蹄铁时，客人惊讶地对玻尔（这位举世知名的科学家）说，他不相信这东西真能带来运气，玻尔迅速给予反驳："我也不相信，我把它放在那里是因为我听说即使人们不相信它也有效！"也许，这就是为何"文化"正在以一个核心生活世界类型（life-world category）的姿态崛起。在宗教方面，我们不再"真的相信"，我们只是遵从（某些）宗教仪式和风俗，作为对我们所属社群的"生活方式"（lifestyle）的尊重（不信的犹太人"出于对传统的尊重"而遵守犹太食物戒条）。"我并不真的相信，信仰只是我的文化的一部分"看来就是被置换的信仰的主导模式，是我们这个时代的特征。"文化"是所有我们实践但不真实

31

相信和不认真对待的东西的名字。这就是为何我们以"野蛮人"、反文化、对文化的威胁去驳斥原教旨主义信仰者（fundamentalist believers）——他们竟敢认真对待自己的信仰。

在这里，我们看似正在处理一个布莱士·帕斯卡尔（Blaise Pascal）在很久以前已经描述过的现象——在他对那些想相信却未能自行完成信心的飞跃的不信者的建议之中——"跪下，祈祷，以仿佛你已经相信的方式行动，然后信仰自然会降临"，又或匿名戒酒会今天以更简洁的语言说出"假装相信直到你成功相信为止"（Fake it until you make it.）。然而今天，在我们对一种文化生活方式的忠诚之中，我们倾向于颠倒帕斯卡尔的逻辑："你相信得太多、太直接？你发现你原始直接的信仰太高压？那就跪下吧，以看似相信的方式行动，然后你就可以摆脱你的信仰——你将不再需要自己相信，因为你的信仰将会在你祈祷的行动中被具体化！"换言之，假如一个人跪下然后祈祷不是为了重获信仰，而是正相反——为了摆脱信仰，摆脱信仰的过度接近，以便取得一个最低限度的喘息空间。相信——直接相信而缺乏仪式作为中介——是一个沉重、高压的负担，幸运地，通过施加一个仪式，一个人有机会将这重担转移给另一个人。[①]

这将我们带到符号秩序的另一个特点，它的非心理学特性（non-psychological character）。当另一个人代我相信或让我的信仰外在化于我机械地遵守的仪式中，当我在发出罐头笑声的电视机前发笑或通过哭泣者完成我的哀悼，我完成了有关我的内在感觉和信念的工作的同时没有真正调动这些内在状态。在此存在着被我们称为"礼貌"（politeness）的神秘莫测的状况：当我遇见一个相识人，我说："很高兴见到你！你今天过得好吗？"我们双方都很清楚，基本上，我的话并不认真［假如我的相识怀疑我真的（对他的状况）感兴趣，他甚至有可能感到一种不快的惊讶，仿佛我正在注视某个太私隐并且和我无关的东西——套用一个古老的弗洛伊德式笑话："为什么你说你很高兴见到我——你当真很高兴见到我？"］。但是无论如何，将我的行为命名为虚伪是错的，因为，在另一方面，我的话是认真的：交换礼貌这行为确实在我们之间建立起某种协定或盟约，其意义同我通过罐头笑

32

①　同一个道理适用于婚姻，婚姻这种意识形态的隐含前设（或者不如说命令）正是：婚姻中不应该有爱。因此婚姻的帕斯卡尔式公式是"你不爱你的伴侣？那就和他或她结婚吧，进入共同生活的仪式，然后爱将会自动出现！"；但是，另一方面，"你深爱某人？那就结婚吧，仪式化你的爱情关系，为了治好你的过剩热情的依恋病，并以生活习惯代替爱——而且假如你依然无法抗拒热情的诱惑，世上还有婚外情这种东西……"。

声"诚恳地"大笑一样（证据在于我确实在事后感到释放）。

这意味着，我通过我的面具（虚假角色）所演示的情绪能够以奇怪的方式比我的内心感觉更真实和更诚实。当我建构了一个虚假的自我形象，而它在一个我参与的虚拟社区内代表我的时候［例如在性游戏内，一个害羞的男人常常扮演一个诱人、滥交的女人这一屏幕角色（screen persona）］，作为我的屏幕角色的一部分所感受和虚构出来的情感并不是单纯虚假的：虽然（被我体验为）我的真实的自我没有感受到这些情感，但它们在某种意义上是真实的。举个例子，假如在我心底，我是一个虐待狂式性倒错者（sadist pervert），整天幻想抽打其他男人和强奸女人；在我同其他人的真实交往中，我不被允许实践这个真我，因此我（在现实中）接受了一个比较卑微和礼貌的角色——在这一个案中，难道我的真我不是更接近我的虚构屏幕角色吗？而在我真实生活交往中的那个自我难道不是一个掩藏了我的真我暴力的一块面具？矛盾的是，正是我意识到的这一事实——在虚拟空间中，我在虚构中行动——容许我在其中表达真我：在众多问题中，这就是拉康称为"真相拥有虚构的结构"（truth has the structure of a fiction）的现象。真相的这种虚拟性质同时容许我们简洁地界定在电视真人秀中虚假的东西：我们从中获得的

"真实生活"，就像去咖啡因咖啡那么真。简而言之，即使这些节目"反映真相"，人们在节目中所做的还是演戏——他们只是在扮演自己。一部小说的标准声明（"这个文本中的人物均属虚构，如有雷同，实属巧合"）同样适用于真人秀节目：我们在当中看见的是虚构人物，即使他们真的扮演真实的自己。对电视真人秀的最佳评论，是斯洛文尼亚作者最近采用的一个讽刺版小说声明："以下叙事中的全部人物都是虚构的、不真实的——但大部分我在真实生活中认识的人物也是如此，因此本声明没有任何意义……"

在（喜剧剧团）马克斯兄弟的一部电影中，剧中的格劳乔（Groucho）每次被揭破说谎都愤怒地回应："你究竟相信哪一个，你的眼睛还是我的话？"这个明显的荒谬逻辑完美地呈现了符号秩序的功能：在符号秩序之中，符号面具比个体的直接现实更重要。这种运作涉及（但不等同）一个被弗洛伊德称为"恋物式拒认"的结构："我十分清楚事情的确是我看见的那样，即站在我面前的是一个腐败、软弱的人，但无论如何，我恭敬地对待他，他佩戴着法官的纹章（insignia），因此当他张口说话，法律自身通过他在说话。"因此，我实际上相信他的话而不是我的眼睛。这也正是那些只相信客观事实的犬儒主义者的不足之处：当一个法官说话，某种程度上他的话（有关法律制度的话）比法官这个人的直接现实拥有更多真理；假如一个人将自己限制在眼见的东西之内，一个人完全错过了关键。拉康的"知者犯错"（les non-dupes errant）旨在解决这个悖论：只有那些拒绝让自己堕入符号虚构之中并继续相信他们的眼睛的人，最常犯错。一个只相信自己双眼的犬儒主义者看不见符号虚构的效能和这种效能如何构造我们的现实。一个宣扬善的腐败牧师可能是个伪君子，但如果人们赋予他的讲道以教会的权威，他的话可以促使他们实现善行。

位处我的直接心理认同和我的符号认同（我穿戴的符号面具或名衔，我在大他者之内的位置以及大他者眼中的我是什么）之间的这个裂口，就是被拉康称为"符号阉割"（symbolic castration）的东西（由于一些复杂的原因，我们暂时忘记它的细节），而菲勒斯／阳具（phallus）是符号阉割的能指[①]。为什么拉康认为菲勒斯是一个能指而不是授精器官？在一个传统的授权仪式里，象征权力的物件同样让获得它们的主体站在行使权力的位置——假如一个国王手持权杖、头

---

① 索绪尔发明的"能指"是一个拉康非常准确地使用的技术名词，能指不单是符号的物质面向（对立于符号的意义"所指"），能指同时是一个代表主体的特征、标记：通过代表我的能指，我成为我；能指构成了我的符号身份。

戴王冠，他的话就会被视为一个国王的谕旨。这种纹章是外在的、不是我本性的一部分：我披上它们、我穿戴它们以行使权力。就是这样，它们"阉割"了我，通过在我的直接本性和我所行使的功能这两者之间引入一个裂口［换言之，我永远无法完全身处我的（符号）功能的层面］。这就是臭名远播的"符号阉割"的意思：阉割正是我被卷入符号秩序、采取了一个符号面具或头衔时发生的事情。（精神分析中的）"阉割"是一个裂口，一个由我和赋予我某种地位和权力的社会头衔／象征头衔这两者间的差距所构成的裂口。在这种指定的意义下，符号阉割远远不是权力的对立面，相反它是权力的同义词，它就是赋予我权力的那个东西。因此一个人要将菲勒斯想象成一个纹章、一个面具——就像一个国王或法官戴上他的纹章——而不是想象为直接表达我的存在的生命力量的一个器官。菲勒斯是一种我挂在身上的无身体的器官（organ without a body），它依附在我身上但从来没有成为身体的有机部分，并且永远是身体不连贯的、剩余的增补或假体。

因为这个陷阱，主体永远不能完满和直接地认同他的符号面具或头衔；主体对他的象征头衔的质问正是歇斯底

35

里症 ① 的问题："为何我就是你们口中的那个我？"或，引用莎士比亚作品中朱丽叶（Juliet）的话："为什么我是那个名字？"（Why am I that name？）在"歇斯底里"（hysteria）和"历史"（historia）之间玩文字游戏时：主体的符号认同永远是历史地被决定，依赖于某个特定意识形态星丛（或坐标）。在此，我们处理的东西就是被哲学家路易·阿尔都塞（Louis Althusser）称为"意识形态召唤"（ideological interpellation）的现象：我们的符号身份（symbolic identity）就是我们被统治意识形态"召唤"的结果——成为一个公民、一个民主党人或一个基督徒。当一个主体开始质问他或她的符号身份，或对这个身份感到不舒服，歇斯底里症就开始崛起："你说我是你爱的人？——是我里面的什么东西使我成为你爱的对象？是我的什么东西引致你以这种方式渴望我？"《理查德二世》（*Richard II*）是莎士比亚有关歇斯底里化的终极话剧[相对于《哈姆雷特》（*Hamlet*），一个有关强迫观念的终极戏剧]。故事的主题是国王激进地质疑自己的"国王性"——是什么（特质）使我成为一个国王？假如被剥夺"国王"这个象征头衔，我还剩下什么能够称之为我的东西？

---

① 拉康将歇斯底里等同于官能症：对拉康来说，官能症的另一种主要形式（强迫型官能症）是（从属于）"歇斯底里的一种方言"（或分支）。

我没有名字、没有头衔，不，不是施洗时送给我的名字，而是这个侵占的名字；哎呀，沉重的日子，我戴上它已经那么多个冬季，然后现在我不知道用什么名字去呼唤我自己！噢，我一直是一个雪造的冒充国王，站在博林布鲁克的太阳前在水滴中溶解自己。

在斯洛文尼亚文版本中，上面第二行被译为"为何我是我？"虽然这译法明显牵涉太多诗意，却恰当地掌握了句子的神粹：被剥夺了象征头衔之后，理查德的身份就像在太阳光下的雪人般溶解。

歇斯底里症患者的疑问是：如何区分他自己（他的真实欲望）和别人在他身上看见并渴望的那个东西。这将我们引向另一条拉康公式："人类的欲望是他人的欲望。"（Man's desire is the other's desire.）对拉康来说，人类欲望的根本僵局在于，人类的欲望从主观和客观两方面来说都是他人的欲望：渴望（得到）他人、渴望被他人渴望，而且尤其是渴望他人渴望的东西。妒忌和愤恨是人类欲望的构成元素，奥古斯丁早已知之甚详，回想一下他在《忏悔录》（Confessions）中的一段文字——常被拉康引用——描述一个婴儿妒忌他的

36

兄弟吸吮母亲的乳汁："我自己曾经见过而且知道婴儿不能言语但懂得妒忌。他面色变得苍白，同时用怨恨的目光盯着他的弟兄。"基于这个洞察，让-皮埃尔·迪皮伊 ① （Jean-Pierre Dupuy）对约翰·罗尔斯（John Rawls）"正义论"提出一个有力的批判：在罗尔斯的正义社会，只有当社会不平等能够帮助不基于世袭，而基于自然的不平等的身处社会等级最底层的人时，它才可以被容忍——自然的不平等被认为是偶然的，而不指涉功绩。② 罗尔斯看不见的是，这样一个社会将为愤恨的失控爆发创造条件：在这种社会当中，我将明白，我的低下社会地位完全是合理的，我将被剥夺以社会不公义推卸失败责任的权利。

罗尔斯提出了一个恐怖的社会模型：社会等级通过自然属性被直接合理化。他遗漏了民间寓言都知道的简单道理——一个好女巫告诉一个斯洛文尼亚农民："我可以达成你的任何愿望，唯一的警告是，我会双倍赐给你的邻居！"农民狡猾地笑了笑，对女巫说："请挖走我一颗眼珠。"难怪连今天的保守派都准备拥抱罗尔斯的正义理论：2005 年 12

① Jean-Pierre Dupuy, *Avions-nous oublié le mal? Penser la politique après le 11 septembre*, Paris: Bayard, 2002.

② John Rawls, *A Theory of Justice*, Cambridge（Ma）: Harvard University Press, 1971,（revised edition, 1999）.

37

月，当时新选出来的英国保守党党魁大卫·卡梅伦（David Cameron）暗示，他准备将保守党变成贫困者的保护人，他宣布："我们所有政策的试金石应该是以下问题——它究竟为拥有最少的人民、为社会最底层的人民做了什么？"即使是弗里德里希·哈耶克（Friedrich Hayek），当他指出假如人们可以声称平等源自非人的盲目力量，它就容易接受得多。①因此，我认为自由市场资本主义（free market capitalism）中的成功或失败的"非理性"的优点在于，它恰好容许我视我的失败（或成功）为出于偶然和"不值得"（回忆一下一个陈旧的主题：市场作为现代版的不可预测的宿命）。资本主义的不公义恰好是使它能够被大多数人容忍的原因（假如我知道我的失败不是因为我的次等素质，而是出于偶然，我就能更轻易地接受它）。

拉康和尼采、弗洛伊德拥有一个共同认识：作为平等的公义（justice as equality）建基于妒忌，即妒忌那些拥有我们没有的东西并且享受这些东西的他者。（在这种情况下）要求正义最终就是要求他者的过剩享乐应该被削减，以致每一个人拥有的享乐将完全相等。这种要求的必然结果当然

---

① Friedrich Hayek, *The Road to Serfdom*, Chicago: University of Chicago Press, 1994.

就是禁欲主义，因为不可能实施完全相等的享乐，共享的禁令（shared prohibition）就变成唯一能够被强加的东西。然而，在今天一个人不应该忘记，在我们据说是纵容享乐的社会，这种苦行或禁欲主义采取了恰好相反的形式——广泛的"享乐！"命令。我们全都活在这个命令的魔咒之中，结果就是我们的享乐史无前例地受到阻碍——试回想一名雅皮士，融合了自恋式的自我实现（narcissistic self-fulfillment）以及遵循跑步与吃健康食物这一堆彻底的苦行纪律。当尼采提及"末人"（Last Man）这个观念时，他脑中想的或许就是这种情况——只有在当代我们才能真正描画出"末人"的轮廓，戴着主流的享乐式苦行主义的面具。在当代的市场里，我们找到一系列被剥夺其危险性质的产品：没有咖啡因的咖啡、没有脂肪的奶油、没有酒精的酒……这个清单可以没完没了地继续下去。没有性的性行为、鲍威尔的无伤亡战争教条（当然，仅指在我们这边没有伤亡）作为没有战争的战争、在当代重新将政治定义为专家管理的艺术以作为没有政治的政治，一直到当代宽容的自由多元文化主义作为一种丧失了他性（Otherness）（一个懂得跳迷人舞蹈，并且拥有健全生态观念及整体主义的现实应对方法的理想化他者，其类似打老婆这样的特征则被排除在视线之外）的他者经验。虚拟现实恰好生产了这种提供剥除了实体的产品的程序：虚拟现实提供一种丧失实体的现实、一种丧失了真实界的抵抗内核的现实——这与去咖啡因咖啡的气味和味道很像真实咖啡但不需要成为真实咖啡的原理一样，虚拟现实被体验为失去现实的现实。所有事情都被允许，你可以享受所有东西——条件是它要先丧失使其危险的内容。

珍妮·霍尔泽（Jenny Holzer）的至理名言"保护我免被我想要的东西伤害"以极为准确的方式演示了歇斯底里立场的根本模糊性。这句话可以被解读为对标准男性沙文主义智慧（一个女人，当她任由自己行事时，将陷入自我毁灭式怒火，因此她必须被仁慈的男性统治并加以保护）"保护我免受我无法支配的我内心过剩的自毁欲望的伤害"的讽刺，又或者我们可以采取一种更激进的解读方式，指向一个当代父权社会的事实，即女人的欲望已被激烈地异化了——女人渴望着男人期望她渴望的东西、她渴望被男人喜爱。在这种情况下，"保护我免被我想要的东西伤害"意味着"我想要的东西——正好当我看似去构想我最真实的内在欲望之时——永远总是事先被那个告诉我想要什么东西的父权秩序强加在我身上，因为我的个人解放的第一个条件是同我被异化的欲望的恶性循环决裂，并学习以一种自主方式塑造我的欲望"。

39

在对 20 世纪 90 年代早期的巴尔干战争的西方自由主义凝视之中，同一种模糊性难道不是明显地清晰可见吗？在第一种取向中，西方干预似乎可以被视为正在回答巴尔干国家的含蓄呼叫"保护我免被我想要的东西伤害"——免受那些导致种族清洗和集体轮奸的我们的自毁热情的伤害。但是，假如我们以相反的第二种方式阅读想象出来的"保护我免被我想要的东西伤害"又如何？完全接受我们欲望之中这种不一致性，完全接受欲望恰好是其自身解放的破坏者这一事实，这就是拉康提供的痛苦教训。

这带领我们回到被假定知道的主体，这个主体就是歇斯底里症患者的终极大他者，是使他的歇斯底里症持续地激动的对象。歇斯底里症患者期望被假定知道的主体向他 / 她提供一个化解歇斯底里僵局的方案，提供"我是谁？我到底想要什么？"的最终答案，而这就是分析师必须避免的陷阱：在治疗的过程中，虽然分析师（必须）占据被假定知道的主体这一位置，他的全盘策略却是削弱这个位置，并使病人意识到在大他者之中根本不存在对人类欲望的保证。

40

第三堂课 从询问"你到底想怎样？" 到（性）幻象：拉康与《大开眼戒》

为什么大他者的首字母要被大写呢？毫无疑问出于一个疯狂的理由，其疯狂程度与我们每一次都不得不为语言的产出物添加增补性符号的行为如出一辙。此处，疯狂的原因如下所示：你是我的妻子——所以，你对这件事了解多少？你是我的主人——在现实中，你真的确定吗？创造出这些词汇的奠基性价值的正是蕴藏在信息之中同时又为其所指向的东西，就像伪装为我们展现的往往是其背后的隐藏之物一样，所以，小他者所指向的就是绝对的大他者。绝对，意思是说他已经被识别但不被了解。同样，制造伪装的关键在于，直到最后，你也无法确认它究竟是不是伪装。本质上，它是一个他者的他性中的未知元素，并且在自身被传达给他人的时

候决定着主体与他者之间的交谈关系。^①

上述文字理应使对拉康稍有认识的人感到惊讶：它将大他者等同于另一个超出了"语言之墙"的主体的不可穿透性，这个大他者形象和拉康提倡的大他者的主导形象恰好相反——大他者作为一个操纵表演的自动机逻辑、一个冷酷无情的逻辑，以致当主体说话，在他不自知的情况下，他只是"被言说"而不是自己的主人。那么，究竟大他者是什么？是符号秩序的无形机制，还是另一个身处他或她激烈他性中的主体，一个永远被"语言之墙"分隔在我外面的主体？走出这困局的一个简单方法是，将上述歧义解读为拉康学说发展的转移：从早期集中于跨主体的承认辩证过程，转移到后期拉康提倡的那个调节主体间互动的无形机制（用哲学话语说，即从现象学到结构主义的转移）。虽然这个解读方案包含有限的真理，但它模糊了大他者的核心谜团：大他者（无形的符号秩序）被主体化的那一点。

典型的例子是神圣性：被我们称之为"上帝"的，难道不就是人格化的大他者，一个凌驾所有生命和召唤我们的人

---

① Jacques Lacan, The *Seminar of Jacques Lacan, Book III: The Psychoses*, London: Routledge, 1981, p.48.

格形象，一个凌驾所有主体的主体？以类似的方式，我们也谈论历史向我们要求一些东西，或理想召唤我们做出的必要牺牲。在此我们得到的，是一个不只是作为另一个人类的神秘主体，而是第三项——一个高踞于真实人类个体间交往之上的主体，而神秘谜团当然在于：这个不可看穿的主体究竟想从我们身上得到什么？［神学称呼这个维度为"不可知的上帝（Deus absconditus）"］对拉康来说，品尝这个深渊式维度不需要诉诸上帝，它存在于每一个人类体内。①

　　……人类的欲望是大他者的欲望，在当中"de"或"of"提供了文法学家称之为"主词规定"的东西——换言之，人类是站在大他者的位置去欲望……这就是为何大他者的询问——这个询问从主体期待一个神谕式回答的地方反弹回来，采取了类似"你到底想要什么？"的形式——是最能带领主体走向他自身欲望之路的询问。②

　　拉康的公式是含糊的。"人类作为大他者去欲望"首先意味着，人类的欲望是被"去中心的"大他者——（符号秩

42

① 　参看 Merriam Webster 字典中有关"DEUS ABSCONDITUS"定义。——译者注
② 　Jacques Lacan, *Ecrits*, p.30.

序）所结构：我所欲望的对象已被大他者——那个我身处其中的符号空间事先决定。即使当我的欲望是违法的，即使当它违反社会规范，这种违法被它所违反的对象所调节。（使徒）保罗很清楚这一点，他在《罗马书》（*Romans*）一段著名文字中，描述了律法如何引致违法的欲望。由于我们众多社会的道德系统仍然以十诫——保罗口中的那个律法为中心，我们自由主义纵欲式社会（liberal-permissive society）的经验证实了保罗的洞察：它不断表明我们所珍视的人权，其核心只不过是违反十诫的欲望。"隐私权"——通奸的权利，秘密地进行，当没有人能看见我或有权窥探我的生活。"追求快乐和拥有私有财产的权利"——偷盗（剥削他人）的权利。"新闻自由和言论自由"——说谎的权利。"自由公民拥有武器的权利"——杀人的权利。然后，最终极的，"宗教自由"——膜拜假神的权利。

但是，"人的欲望是大他者的欲望"拥有另一个含义：只有当他体验到大他者本身在渴望、大他者作为无法理解的欲望的场所，主体才能够欲望，仿佛一个费解的欲望正从他身上发射出来。他者不单带着神秘欲望和我说话，它同时迫使我面对事实：我本人不知道我真正想要什么，我自己的欲望（也）是一个谜团。对在此追随弗洛伊德的拉康来说，这种另一个人类的深渊式维度——另一个人格的深度的深渊，它的彻底不可穿透性 / 不可理解性——首先通过"爱你的邻居犹如爱你自己"的命令在犹太教之中得到完整表现。对弗洛伊德和拉康来说，这条命令令人感到极度困扰，因为它模糊了一个事实：在作为我的镜像、和我相似的、我可以对之具有同感的邻居形象背后，始终潜伏着某个我最终一无所知的人的极端他性（radical Otherness），一个不可穿透的深渊。我真的可以依靠他吗？他是谁？我如何知道他的言语不只是面具？

　　和新纪元（New Age）的态度——最终将邻居化约 / 降低为我的镜像或我的自我实现道路上的一个工具（荣格心理学正是这样：我身边的另一个人类，最终被简化为我本人人格内部被拒认面向的外部化投射）相反，犹太教开创出一个传统，在此传统当中陌生的创伤性内核永远存在于我的邻居之内，邻居永远是一种使我歇斯底里化的惰性的、无法看穿的、谜一样的存在 / 幽灵。这个幽灵的内核，当然就是邻居的欲望——不单对我们是一个谜，对邻居本人也是一个谜。所以，拉康的"你到底想怎样？"不只是询问"你想要什么？"而是更像是"你究竟有什么烦恼？你的里面究竟存在什么东西不单使我们如此难以忍受，也使你自己难以忍受，

43

而且你明显无力控制（它）？"。

在此，我们要抵抗的诱惑是对邻居进行伦理驯化——譬如埃马纽埃尔·勒维纳斯（Emmanuel Levinas）通过其邻居作为伦理责任之召唤的深渊式散发点的概念所做的那样。勒维纳斯混淆的东西是邻居的畸怪性（monstrosity）——基于这种畸怪性，拉康将原质（das Ding）应用在邻居身上，弗洛伊德用这名词指涉人类欲望的终极对象——其难以忍受的强度和不可穿透性。一个人应该知晓恐怖小说中这个词的所有内涵：邻居正是那个潜伏在每一张平凡的脸下面的（邪恶）东西。想想斯蒂芬·金（Stephen King）的《闪灵》（*The Shining*），当中一个谦恭的失败作家，渐渐变成一只杀人野兽，带着邪恶的笑容持续杀光自己全家。难怪犹太教同时是神圣律法的宗教，它调节了人际关系：犹太教的律法，与邻居作为非人的原质的出现是严格相关的。换言之，律法（"爱你的邻居"）的终极作用不是让我们不忘记邻居，维持和邻居的接近，而是相反的，让我们和邻居保持一个恰当的距离，发挥某种抵挡邻居的畸怪性的保护墙的作用。正如赖纳·马利亚·里尔克（Rainer Maria Rilke）在他的作品《马尔特·劳里茨·布里格手记》（*The Notebooks of Malte Laurids Brigge*）中写道：

世上存在一种完全无害的生物，当它在你眼前经过，你差点忽略并马上忘记它。然而它一旦以某种方式无声无息地爬进你的耳朵，它就开始发育，它孵化，曾经听过有些甚至入侵脑部然后灾难性地大肆繁殖，就像狗的肺炎链球菌从鼻孔爬进去一样……这种生物就是你的邻居。

　　正是因为这个原因，一个人发现自己站在被爱者的位置是如此暴力、创伤性的事件：被爱使我直接感受到一个裂口——作为确定存有的我以及那个引发了爱的神秘莫测的X这两者间的裂口。拉康对爱的定义（"爱是献出你没有的东西……"）必须被补充："……给一个根本不想要它的人。"当有人出乎意料地向我们宣布热烈的爱时，这难道不是我们最基本的经验所证实的吗？在可能做出正面反应之前，我们第一个反应是觉得某种淫秽、入侵性的东西被强加在我们身上。在吉列尔莫·阿里亚加（Guillermo Arriaga）的电影《21克》（21 Grams）里，因为心脏衰弱而濒死的保罗，温柔地向克里斯蒂娜（Cristina）表达了爱意，后者刚经历了丈夫和两个年幼小孩儿之死的创伤；当两人再相见，克里斯蒂娜忍不住激烈地抱怨（被）示爱的暴力性质：

　　你知道，你使我整天都在思考。我已经几个月没有同任何人说过一句话，而且我根本不认识你，而我现在却要跟你说话……而且有些东西我越思考它，它越难理解：你他妈的为什么要告诉我你喜欢我？回答我，因为我一点都不喜欢你说那种话。你不可以对一个你根本不认识的女人说你喜欢她。你！不！可！以！你根本不知道她正在经历的事情，她的感受。我是单身，你知道。我在这个世界里什么都不是。我什么都不是。①

　　说完以后，克里斯蒂娜盯着保罗，抬起双手然后绝望地吻在保罗的嘴唇上；因此，不是她不喜欢他和不渴望和他的肉欲接触。她的问题是相反的，她确实渴望他——她不满的是：他有什么权利挑起她的欲望？正是从这个作为原质的大他者的深渊，我们才能明白拉康所讲的"创基话语"（founding word）的含义——一种授予一个人某种象征头衔并使他或她成为所宣称的那样，从而构成其符号身份："你是我的妻子、我的主人……"这个概念通常被视为对述行理论（theory

---

① Guillermo Arriaga, *21 Grams*, London: Faber and Faber 2003, p.107.

of performative）的回音，或对那种在言说行动中成就了它所宣布的事物状态的言语行动（当我说"会议结束"，我实质上结束了会议）的回音。① 在其最根本层面，表演性 / 述行是（确立）符号信任和符号约定的行动：当我对某人说"你是我的主人！"，我就承诺了以某种方式对待他——而这个行动的另一面——我要求他履行以某种方式对待我的责任。拉康的观点是，我们需要诉诸述行性、符号约定（或承诺），正因为并且只能因为我们面对的他者不单是我的镜像分身、某个和我相似的人，而且是那个难以捉摸的绝对大他者，它最终依然是一个难以理解的谜团。符号秩序的律法和责任的主要功能，是使人类间的共同存在最低限度上能被忍受：必须有一个第三者的介入，我和邻居的关系才不至于爆发为谋杀性暴力。

46

回想 20 世纪 60 年代，在"结构主义"（那批建基于所有人类活动都被无意识的符号机制所调节这一概念的理论）时代，阿尔都塞发起了臭名昭著的公式"理论反人道主义"（Theoretical Anti-Humanism），准许甚至要求它被实践的人道主义所补充。（换言之）在我们的实践中，我们应该以人

---

① 将拉康和述行概念的倡导者约翰·朗肖·奥斯丁（J. L. Austin）联系起来的人是（语言学家）埃米尔·本维尼斯特（Emile Benveniste）。

道主义者的方式行动，尊重他人、以对待拥有完整尊严的自由人类、以创造了自己的世界的人类的方式对待他们。另一方面，在理论层面，我们则应该永远谨记人道主义是一种意识形态，是我们自发地体验困境的方式^①，对人类和人类历史的真实了解不应该视个体为自律主体（autonomous subjects），而是将其视为一个按照自身规律运行的结构里的元素。相对于阿尔都塞，拉康提倡我们认可实践的反人道主义：一个超越了被尼采称为"人性的、太人性的"（human, all too human）维度，并勇敢面对人类的非人内核（inhuman core of humanity）的伦理原则。这意味着一种无惧于正视人类的内在畸怪性——其爆发通常采用"奥斯维辛"这一标签广泛覆盖的现象的恶魔维度——的伦理立场。

相对于阿尔都塞，或许描绘邻居这种非人维度的状态的最佳方法是参考康德的哲学。在他的《纯粹理性批判》（*Critique of Pure Reason*）之中，康德为否定判断和无限判断（Infinite Judgement）引进了一个重要区分："灵魂不灭"这个实证命题可以以两种方式否定。我们可以否认谓词（"灵魂会死"）或确立一个非谓词（"灵魂非生非死"）。这里的区

---

① 即未经思考的体验。——译者注

别——每一个斯蒂芬·金的读者都知道——和"他还没死"

与"他是非死"之间的区别完全一样。无限判断打开了一个

47

削弱死物与非死物（活着）间分野的第三领域："非死"既非

死亡也不是活着，它们是名副其实的"活死人"。同一个逻

辑适用于"非人"："他不是人类"不等于"他是非人"。"他

不是人类"纯粹是说他外在于人类、动物或神灵，而"他是

非人"则意指某些彻底不同的东西，即他既非人类也不是非

人类，而是以被一个内在于人类存有的吓人过剩（虽然这种

过剩否定了我们所理解的人类固有的人性）所标记这一事实

为特征。或许，我们应该冒险采取一个假设，这就是康德主

义哲学革命带来的巨变：在前康德式宇宙中，人类仅仅是人

类，是一种理性存有，与过剩的动物肉欲和神圣疯狂做斗争；

但在康德式宇宙中，过剩是内在于人类并且正是人类主体性

的内核本身。（这解释了为何在德国唯心论中，主体性内核

的隐喻是黑夜，"世界之夜"，对立于理性之光到处打击黑

暗的启蒙时代的概念。）在前康德式宇宙观中，当一个英雄

陷入疯狂，他失去了人性，然后被动物性激情或神圣疯狂控

制。在康德式宇宙中，疯狂标志着一个人类内核的不受约束

的爆炸。

　　我们应该怎样避免过于直接地暴露在他者之恐怖深渊的

创伤性冲击之中？我们应该怎样应付和他者欲望相遇时的焦虑？在拉康的眼中，幻象（fantasy）为大他者的欲望提供了一个解答。有关幻象第一个要注意的是，它教导我们如何欲望：幻象的作用不是说，当我很想吃草莓蛋糕而在现实中吃不到，那我就在幻想中享用它；问题其实是首先我是如何知道我渴望一个草莓蛋糕？幻象告诉我我想要什么。幻象的这个角色取决于人类的性存有僵局，拉康用一个悖论命题专称这个僵局——"不存在性关系"（there is no sexual relation-ship），即不存在一种对和谐性关系的普世保证。每一个主体都要发明一个属于他或她的幻象，一个"私人的"性关系公式——只有当伴侣符合这个公式时，主体与女人的关系才有可能。

几年前，斯洛文尼亚的女性主义者以强烈抗议回应一间大型美容工厂的防晒乳液广告海报，上面画了一系列穿着紧致的泳衣晒得很漂亮的女性屁股，然后写着一句口号"每一个都有她自己的因子"。当然，这个广告建基于一个颇为下流的双关语：这句口号表面上指涉防晒油为了适应顾客的各种皮肤类型而拥有不同的防晒因子，但是，广告的全部效果却是建基于明显的男性沙文主义解读，"每个女人都可以骗到手，只要男人知道她的因子——那种能够激起她欲望的特殊催化剂"。根据弗洛伊德式观点，每一个主体，不论女性或男性，都拥有这种能够调节她或他欲望的"因子"："一个女人——从后面观看——趴着跪在地上"，这是弗洛伊德最著名病人"狼人"的因子；约翰·拉斯金（John Ruskin）的因子则是一名没有耻毛的雕像似的女人。我们对这种因子的意识，并不振奋人心：它是诡怖甚至吓人的，因为它以某种方式剥夺了对象，将她或他简化为一个木偶，剥夺其尊严和自由。

但是，马上要补充一句，幻象中的欲望不属于主体，它是他者的欲望，是那些在我身边、与我交往的人的欲望：幻象——幻影式场面或剧情——是对"你在说这个，但你说这个的实际目的是什么？"的回答。欲望的原初问题不是"我想要什么？"，而是"他人想从我身上得到什么？他们在我身上看见什么？我对他人来说是什么？"。一个小孩儿被镶嵌在一个复杂的关系网络之中，他是身边的人的欲望战场和催化剂。他的父亲母亲、兄弟姐妹、叔叔阿姨，这些人围绕着他，以他的名义进行（欲望）斗争，母亲通过对儿子的关心向父亲传达了一个信息。一方面，小孩儿清楚意识到自己这个角色，另一方面小孩儿无法理解——准确地——自己对他或其他人而言是一个什么样的对象，他们和他玩的这个游

49

戏的准确性质是什么。幻象为这种谜语提供了一个解答：在它的最根本层面，幻象告诉我，我在他人心目中究竟是什么。幻象的这种交互主体性特点即使在最基本的案例中也清晰可见，比如弗洛伊德报告的那个案例，他年幼的女儿幻想吃草莓蛋糕，这个案例的要旨绝对不是欲望的直接幻觉性满足（她想要蛋糕，得不到，所以她幻想得到它）。至关重要的是，当她贪婪地吃草莓蛋糕之际，小女孩注意到父母看着她享用蛋糕的目光充满深深的满足感。吃草莓蛋糕的幻想，其实是小女孩塑造一种身份的尝试（一个完全享受父母的蛋糕的人），这个身份将满足她的父母，并使她成为父母欲望的对象。

　　性存有（sexuality）是一个这样的领域：在当中我们最大限度地亲近另一个人，完全将自己暴露在他或她面前。因此性享乐对拉康来说是一种真实界：性享乐让人在令人窒息的强度中具有某种创伤性、某种不可能的东西，但我们永远无法使它有意义。这就是为何一种性关系——为了能够运作——有必要通过幻象上演。回忆一下，大卫·里恩（David Lean）的电影《瑞安的女儿》（*Ryan's Daughter*）中莎拉·米尔斯和她的不法情人——那名英国官员——的邂逅：对那场森林中性行为剧情的描绘，本来应该以瀑布的声音来呈现他们被压抑的激情——在今天只能给我们古董式的陈词滥调的印象。无论如何，这个可怜的伴奏声音的作用极度模糊：通过强调性行为的高潮，这些声音以某种方式去真实化，并向我们传达了其大规模存在的压抑性分量。一个小小的心智实验就足以证实这个论点：让我们想象，在对性行为进行可怜的表演之时，音乐突然间被切断，然后剩下的就只有快速、爽快的动作，两人痛苦的沉默时而被沙沙声和呻吟声中断，迫使我们直接面对性行为的惰性在场。简而言之，《瑞安的女儿》的这个场面的悖论在于，瀑布声的作用是作为一道模糊化性行为的真实界的幻影式屏幕。

在《烽火赤焰万里情》（*Reds*）中，高唱《国际歌》的效用和《瑞安的女儿》中的瀑布声的角色完全一样：幻影式屏幕的角色是使我们能够忍受性行为中的真实界。《国际歌》将十月革命——对好莱坞来说最具创伤性的事件——整合进好莱坞世界之中，通过将它设置为片中的主要角色雷德（沃伦·比蒂饰演）和他的情人露易丝（黛安·基顿饰演）之间的性行为的隐喻性背景。在电影中，十月革命在两人的关系出现危机后就马上爆发。通过向骚动的群众发表一个勇猛的革命演说，雷德迷住了露易丝；两人交换了情欲的目光，而群众的喊叫声发挥了隐喻的作用：激情的重新恢复。革命中关键的神话式场面（示威、冲击冬宫）和两人的做爱画面交替出现，背景是群众在高唱《国际歌》。群众场面发挥了性行为的粗野隐喻的作用：当黑压压的人群走向并包围了菲勒斯式的电车路，这难道不是基顿在性行为中压在比蒂身上、扮演主动角色的隐喻吗？在此，我们获得与苏维埃社会主义写实主义（Soviet socialist realism）——情人们将他们的爱情体验为对社会主义的斗争所做的贡献，为了革命的成功而发誓牺牲所有私人愉悦，并让群众淹没自己——的完美反面：在《国际歌》之中，革命自身看来已经成为成功的性关系的一个隐喻。

　　一个通常归因于精神分析的常识是：性是所有人类活动背后的隐藏指涉——不论我们在做什么，我们其实都在"想着那件事"——在此被颠倒了，正是真实的性本身，为了保持美好，必须由十月革命的非性化屏幕支撑。作为谚语"闭上眼睛，想想英格兰"①的替换，我们在此得到的是："闭上眼睛，想想十月革命！"这个逻辑和某个美洲原住民部落的发现完全一样，他们发现全部梦都拥有某些隐藏的性含义——全部，除了那些公然有关性的梦：正是在这里，我

---

① "Close your eyes and think of England!"是一个人在即将要同不美好的人上床前用来麻醉或安慰自己以便事情能够进行的谚语。——译者注

们要寻找另一种解读。（在最近被发现的秘密日记中，维特根斯坦记述，第一次世界大战期间当他在前线手淫时，他正在想的是数学问题）。在现实中道理也是一样，对所谓货真价实的性来说，它也需要一些幻象式的屏幕。任何和一个真实的、有血有肉的他者的接触，任何我们在触摸另一个人时得到的性[1]愉悦，均不是显而易见的，而是一种固有的创伤性的东西，并且只有在他者进入主体的幻象框架（fantasy frame）后才能被忍受下去。

然而，幻象在最根本的层面是什么东西？幻象的本体论悖论——甚至可以说本体论丑闻——存在于一个事实中，即它颠倒了标准的"主体性"和"对象性"的对立（或"主观"和"客观"的对立）。当然，幻象根据定义不是对象性（指某些独立于主体的感官的东西）的；但是，它也不是主体性的（指某些来自主体有意识地体验到的直觉，他或她想象力的产物）。相反，幻象隶属"客观地主观的/对象性地主体的这一怪异类别——在你眼中事物实际上、客观上的样子，即使它们看起来不是那样"[2]。举个例子，当我们声称某

———————————

① 这里的"性"，原文是"性存有"（sexuality），当误。——译者注

② Daniel C. Dennett, *Consciousness Explained*, New York: Little, Brown and Company 1991, p.132.

人的意识倾向对犹太人很友善，但在意识层面却没有察觉到自己抱有深刻的反犹偏见，我们难道不是在声称（前提是这些偏见不反映真实的犹太人，而只反映犹太人在他眼中的样子）他没有意识到犹太人在自己眼中的真实面貌？

2003 年 3 月，美国前国防部长唐纳德·亨利·拉姆斯菲尔德（Donald Henry Rumsfeld）对未知和已知的关系进行了一点业余的哲学思考："世上存在已知的知。这是一些我们知道我们知道的事物。世上存在已知的未知，即那些我们知道我们不知道的事物。但是也存在不知道的未知，这是一些我们不知道我们不知道的事情。"他忘记了至关重要的第四项"未知的知"（unknown known），即我们不知道我们已经知道的事情，这正是弗洛伊德式无意识，一种"不知道自身存在的知识"——正如拉康常常说的。而这个无意识的核心就是幻象。假如拉姆斯菲尔德认为，向伊拉克开战的主要危险是"未知的知"，我们甚至都不怀疑来自萨达姆或其继承者的威胁是什么，我们应该回答，主要的危险——正好相反——是"未知的已知"，即那些被拒认的信念和假定，那些我们没有意识到却依附在身上，并决定了我们的行动和感觉的东西。

这也是其中一种规定拉康的命题——主体永远是"去中心化"的方式。他的观点不是说，我的主体经验被对象性的

53

无意识机制（去中心化的自我经验）所调节，并因此而超出我的控制（这一点被所有唯物论者坚持），相反，拉康提出更令人不安的观点：我甚至被剥夺了我最内在的主体经验，事情"在我眼中真实的样子"。换言之，我被剥夺了对基础幻象（fundamental fantasy）的体验，而这幻象却构成并保证了我的存在的内核，因为我永远不可能在意识层面体验和假定它。

根据标准观点，那个构成主体性的维度是属于现象（自我）体验的维度［phenomenal（self-）experience］：当我对自己说"不论存在什么样的未知机制在决定我的行为、感知和思想，没有人能抢走我现在看到和感觉到的一切"，我就是一个主体。举个例子，当我激情地堕入爱河，而一个生化学家走来告诉我，我所有的强烈情感只不过是我体内的生化程序的效果，我可以通过紧抓表象来回答他："你所说的可能是真的，但不论如何，没有东西可以取消我正在体验的激情的强度……"但是，拉康对此的观点是：准确地说，精神分析师正好是可以从主体身上取走这种体验的那个人，精神分析师的终极目的，是从主体身上剥夺那个一直调节/控制着主体的（自我）体验空间的基础幻象。只有当主体无法意识到主体（自我）体验的一个关键方面（即基础幻象），当这个方面遭到原初压抑的时候，弗洛伊德式无意识主体才成形。在其最极端的层面，无意识是无法理解的现象，而不是调节我的现象经验的机制。因此，与一个我们常常听到的陈腔滥调——当某个事物显示了［一种（实际上）不能被简化为外部行为的幻象经验的］内在生活的迹象时，我们就是在处理主体——相反，我们应该宣告，准确刻画真正的人类主体性的是分隔以下两者的那个裂口，即在最基本的层面上，主体不能接触幻象。正如拉康所言，正是这种不可通达性（或不可理解性）使主体成为"空洞"主体。①

我们因此得到一种关系，它彻底颠覆那种主体通过内在状态直接体验自己的标准主体概念：空洞、非现象的主体和那些主体始终不能接触的现象两者间的一种奇怪关系。换言之，精神分析批准我们在没有主体的情况下构建一个悖论性的现象学——由此浮现的现象并不是属于主体的现象、向主体显现。这不代表主体在这一点没有介入——对！主体有介入，但是是在被排除模式中介入，作为被分裂的，作为一个不能承担他或她的内在体验之内核的能动者。

正是幻象的这一悖论式特性，将我们带到精神分析和女

————————————

① 简单地说，主体的欲望被幻象决定，但永远不能意识到幻象本身。——译者注

性主义之间终极的不可调和的差异之上：强奸以及支撑着强奸的受虐狂的幻象。至少，根据标准的女性主义，强奸作为强加自外部的暴力这概念是一个先验公理（a priori axiom）：即使一个女人幻想被强奸或粗暴地被虐待，这要么是一个男性对女人的幻想，又或女人因为她"内化了"父权力比多机制和采纳了自己受害而做出的幻想；其背后的实质是，一旦我们承认了我们在白日梦中幻想被强奸这个事实，我们就马上向男性沙文主义陈腔滥调——有关女人在被强奸时如何只得到了她们暗中渴望的，以及女人的震惊和恐惧如何表达了一个事实，即她们没有诚实地承认事实——大开中门。因此当我们提及女人有可能幻想自己被强奸，我们马上听见抗议声："这就像在说犹太人幻想自己在集中营中被强奸或非裔美国人幻想被凌辱一样！"从这个角度，女人的分裂的歇斯底里立场（一面抗议在性上面被虐待和剥削，同时又渴望被强奸和激发男人去引诱她）是次级的，然而从弗洛伊德的角度，这种分裂的态度是原初的（或首要的），它构成了主体性。

由此得出的实际结论是：（某些）女人真的可能会在白日梦中幻想被强奸，这一事实不仅没有合法化真实的强奸，而且它使强奸更暴力。让我们看看两个女人，第一个是自由

55

的、坚定的、积极的；第二个是暗中做白日梦幻想被伴侣粗暴地对待甚至强奸。至关重要的是，假如两个人都被强奸，第二个女人将遭受更大的创伤——基于强奸将在"外部"社会现实之中实现"她的白日梦内容"这一事实。这里有一个裂口，永恒地将主体的存有的幻影式内核从他或她的符号或想象性认同的相对更表面的模式中分隔出来。我永不可能完全承担（在符号整合的意义下）我的存有的幻影内核：当我走得太近，当我太接近它，马上发生的是拉康称之为主体消解（aphanisis）（或主体自我删除）的现象，即主体失去她或他的符号一致性，它在崩解。或许，在社会现实中被迫实现我的存有的幻影内核是最恶劣、最侮辱人的暴力，一种彻底破坏（我的自我形象的）身份基石的暴力。[①] 由此推论下去，强奸的问题——从弗洛伊德的角度看——在于它拥有如此巨大的创伤冲击力，不单因为它是一种残忍的外部暴力，而且因为它也触及某些被受害人自己拒认的东西（something disavowed）。因此，当弗洛伊德写道，"假如（主体）在他们的幻象中最强烈渴望的东西（真的）在现实中被实现，他们

56

---

① 这也解释了为什么实质上强奸犯并不幻想强奸女人，相反，他们幻想自己态度温柔，幻想遇见一个充满爱意的伴侣；同我们的常识相反，由于他们在真实生活中无法找到这种伴侣而触发的强奸行为可以说是一种逃入行动（passage à l'acte）。

无论如何将逃之夭夭"①，弗氏的观点是说人们逃走并非因为受到审查，而是因为自己的幻象内核太过难以忍受。

几年前，一个诱人的啤酒广告在英国电视台播放。它的第一部分上演了一个众所周知的童话式奇闻：一名女孩沿着小溪行走，看见一只青蛙，温柔地把它放在大腿上，吻它，然后丑陋的青蛙奇迹般地变成一位英俊的年轻人。但是故事还没完：年轻人贪婪地看了女孩一眼，把她拉进怀里，吻她——然后她变成了一瓶啤酒，男人以胜利的姿态拿着它。对女人来说，要点在于，她的爱和情感（以吻做标记）将一只青蛙变成一位英俊的男人、一个完满的菲勒斯式存在物；对男人来说，要点在于，将女人简化成一个部分对象，即男人的欲望原因（即对象 a）。由于这种不对称性，两性之间不存在性关系：要么我们得到一个拥有青蛙的女人，要么我们得到一个拿着啤酒瓶的男人。我们永远得不到一对天然的夫妇：英俊的男人和美丽的女人。这对理想伴侣的幻影式支撑点将会是一只青蛙抱着一瓶啤酒的图画——一个使其荒谬不和谐变得触手可及而不是保证两性关系和谐的矛盾画

---

①　Sigmund Freud, *Dora: An Analysis of a Case of Hysteria*, New York: Macmillan, 1963, p.101.

面。① 这打开了一种通过对其过度认同，来削弱幻象对我们施加的影响的可能性：同时拥抱（在同一个空间内）众多互相矛盾的幻影元素。换言之，两个主体均展开他或她的主观幻象——女孩幻想一只青蛙其实是一个年轻人，年轻人幻想一个女孩其实是一瓶啤酒。现代艺术和文学所反对的不是客观现实，而是一个隐藏在背后的"客观地主观的"（或"对象性地主体的"）的幻象，一个两位主体均永远没有能力承担的幻象，某种类似一只青蛙抱着一瓶啤酒，题为"一个男人和一个女人"或"理想伴侣"的马格里特式画作。（在此，对著名的超现实主义的"钢琴上的死驴"的联想完全合理，因为超现实主义者同样实践这种对不一致幻象的过度认同。）当我们在幻想拥抱情人的时候，迫令我们面对抱啤酒瓶的青蛙的景象，难道这不就是今天的艺术家的伦理责任吗？换言之，是要上演彻底地去主体化，永远不能被主体意识到（或演出）的幻想吗？

这进一步将我们带向一个重要的复杂问题：假如我们体验为"现实"的东西，是被幻象所结构，而幻象发挥着屏

---

① 当然，明显的女性主义论点将会是——女人在日常爱情经验中见证了相反的场景：你亲吻一个英俊的年轻男子，然后当你太接近他，即当一切都已经太迟之际，你注意到他实际上是一只青蛙，甚至是一只经常醉酒闹事的青蛙。

幕保护我们免被粗糙真实界直接压垮的功能，那么，现实本身就可以被当作遭遇真实界的逃避手段。在梦和现实的对立中，幻象站在现实那边，而我们其实是在梦中和创伤性真实界相遇——并非梦是专为那些无法忍受现实的人而设，（而是）现实本身是专为那些不能忍受梦（中的真实界）的人而设。这就是拉康从著名的梦案例——弗洛伊德在《梦的解析》中报告的一个案例——得到的洞察，做梦者是一位为儿子守灵时睡着的父亲。在这个梦案例中，亡儿出现在父亲面前，说出可怕的请求："父亲，难道你看不见我在燃烧吗？"当父亲醒过来，他发现盖着儿子的布料着火了，被一支倒下的蜡烛所点燃。为什么父亲会醒过来？是不是因为烟的气味太强烈，以至于不能再通过将它（这外部感官刺激）包含在即兴拼凑出来的梦中以便延长睡眠？拉康提出了一个有趣得多的解读：

　　假如梦的功能是延长睡眠，假如梦最终可以那么接近导致它的那一现实，难道我们不可以说梦可以对应现实而不用醒来吗？毕竟，世上存在一种叫梦游的现象。这里出现的问题是——而且确实（是）一个弗洛伊德之前的所有暗示均容许我们提出的问题——究竟是什么唤醒了睡眠者？难道不就

58

是在梦中的另一个现实吗？弗洛伊德对这个现实的描述如下——Dass das Kind an seinem Bette steht（孩子站在父亲的床边），ihn am Arme fasst und ihm vorwurfsvoll zuraunt（抱着他的手臂并小声责备道）：Vater, siehst du denn nicht（父亲，难道你看不见）dass ich verbrenne（我在燃烧吗）？

比起那个噪音——父亲通过它辨认出邻房正在发生的事情的奇怪现实——孩子这句话里不是包含了更多现实吗？导致孩子死亡的那个被遗忘 / 被错过的现实（the missed reality）不是在这句话里被表达了出来吗？ ①

因此，唤醒了那位不幸父亲的，不是外部现实信号（噪音）的入侵，而是他在梦中遭遇的事物的不能忍受的创伤性特质——当"做梦"意味着为了逃避面对真实界而进入幻象，父亲名副其实地醒来以便能够继续做梦。当时的剧情是这样的：当他的睡眠被烟火打扰，父亲快速构建了一个整合了困扰性元素（烟—火）的梦以便延长睡眠；但是，他在梦中遇见一个比（外部）现实强烈得多的创伤（他对儿子之死的责任），因此他唤醒现实以逃避（梦中的）真实界。

---

① Jacques Lacan, The *Four Fundamental Concepts of Psycho-Analysis*, Harmondsworth: Penguin Books, 1979, pp.57-58.

在当代艺术中，我们常常遭遇"回归真实"的残酷尝试，以便提醒观众（或读者）他正在感知的是一个虚构物，从甜美的梦中叫醒他。这个姿态有两种相反但达致同一结果的形式。在文学或电影中（尤其是后现代文本）存在自我反身性提示，提醒我们正在看的只是纯粹虚构，就像屏幕上的演员直接称呼我们为观众，因而破坏了叙事性虚构的自治空间的错觉，又或作者通过讽刺性评语直接介入叙事；在剧场里，偶尔会出现一些提醒我们舞台上的现实的残忍事件（比如在舞台上宰鸡）。我们应该根据它们的真面目谴责这些姿态——它们完全与它们所声称的相反：逃离真实界、绝望地试图逃避错觉本身的真实面（在虚幻奇观的伪装中现身的真实界）①——而不是授予这些姿态某种布莱希特式尊严（Brechtian dignity），视它们为陌生化或异化的不同版本。

59

在此，我们面对的是幻象这概念的根本模糊性：一方面，幻象是一个保护我们避免遭遇真实界的屏幕；幻象本身在其最底层——被弗洛伊德称为"基础幻象"，为主体的欲望能力提供了最基本的坐标——永远不可能被主体化，并

---

① 扼要地说，这些"后现代"揭穿虚幻的技艺忽视了虚构所包含的真实——虚构（幻象）支撑着现实、"梦站在现实那边"——它们的后现代启蒙姿态其实十分切合那位"从梦中逃入现实，以便延长睡眠"的父亲，从而变成了它们自己极力反对的东西。——译者注

且为了有效运作，这个基础幻象必须维持被压抑的状态。回想一下斯坦利·库布里克《大开眼戒》（*Eyes Wide Shut*）这场电影明显的粗俗结局，在戏里汤姆·克鲁斯向妮可·基德曼忏悔他的深夜冒险，两人都面对幻想的过剩，基德曼——在确认两人都已完全清醒、回到日光之下，并且即使不是永远，但至少很长一段时间里他们会待在一起以防幻象再入侵现实后——她告诉男人他们必须尽快做一件事。"是什么？"他问。她的答案是："做爱（fuck）。"然后电影马上结束，播出片尾的参演名单。从来没有一场电影以如此突然的方式展示了"逃入动作"的性质：逃入动作作为一个虚假出口、一个回避与幻象的阴暗世界的恐怖相遇的手段，是一项紧急措施，一项旨在阻挡幻象的幽灵似的阴暗世界的绝望的预防措施，它远远没有向两人提供一种令空虚的幻想活动变得多余的真实活着的肉体满足。[①] 仿佛电影结局处女主角言语中的信息是：赶快做爱，趁我们还没被再次淹没之前立即扼杀那些旺盛的幻象。拉康有一句关于唤醒现实作为逃离梦中真实界的俏皮话，最适用于性行为本身的妙语：当我们不能做爱的时候我们并不幻想做爱，相反，我们做爱以便逃离及扼杀

———————————

① 类似做梦的父亲，《大开眼戒》是一系列幻想及创伤失控的故事。——译者注

梦的过剩本质，否则它将淹没我们。对拉康来说，人类的终极伦理任务是真正觉醒：不单从睡眠中醒来，而且从那个在清醒状态中更能操控我们的幻象咒语中醒来。

61

第四堂课　真实界带来的麻烦：
拉康作为《异形》的观众

　　每当一个蛋的薄膜快被穿破、胚胎正要变成一个新生命之际，花点时间想象一下某个东西从里面飞出来，而且对着蛋想象和对着一个人想象同样容易，换言之，想象一块人卷（Hommelette）[①] 或一块薄膜（Lamella）。

　　薄膜是一个极平坦的东西，像阿米巴变形虫那样移动，只是稍微复杂一些。但薄膜无处不在，我将很快告诉你原因。它和性化生物（sexed being）在性存有之中丧失的某种东西有关，它就像阿米巴变形虫之于性化生物一样，是不死之物，因为它能挨过所有分裂和分裂繁殖。并且它可以到处游走。

[①] 拉康根据煎蛋卷（omelette）和人（homo）的谐音"创造"了 Hommelette（"人卷"）这个词。——译者注

哦！这并不是很令人安心。但假设它飞过来而且在你睡觉的时候静悄悄地包着你的脸……

我认为我们必然会同拥有这些特点的东西开战。但这将不是一场很轻易的战争。这个薄膜、这个器官，它的特点不是求存，但无论如何总算是一个器官——我可以给你更多它的动物学细节——它就是力比多（Libido）。

它是力比多，是纯生命本能，换言之，是不死的生命，不可压抑的生命，一种不需要任何器官的、简化的、无法摧毁的生命。力比多正是那个由于活着的生命从属于有性繁殖循环这一事实而从生命中抽取出来的东西。并且因为这个原因，所有可以列举的对象 a 的形式都是它的类似物或其等同物。①

上面每一个字都很有分量——在对这个被拉康称为"薄膜"［可以大致翻译为"人卷"（manlet）："人类"（man）

62

---

① Jacques Lacan, *The Four Fundamental Concept of Psycho-Analysis*, pp.197-198. 这就是一个例子：我们在阅读拉康时应该随时从《研讨班》跳到相应的《文集》部分——与研讨班卷 11 呼应的《文集》篇章是《无意识的位置》。这篇文章包含了非常高密度但更精确的薄膜神话构想。对象 a 的 "a" 代表"他者"，因此意谓："对象小他者"（追随拉康的意愿，这个名词不翻译）是拉康创造的拥有多重意义的新词。原则上，这个词是指欲望的原因而不是欲望对象，指那个在欲望对象之中引发欲望的东西。

和"煎蛋卷"（comelet）的凝缩物〕的神话式生物（mythic creature）欺骗性的诗意描述之中。拉康想象薄膜为弗洛伊德口中"部分对象"的其中一个版本：一个魔幻地自动控制的、在没有身体的情况下生存的奇异器官，就像早期超现实主义电影中独自到处游荡的一只手，或像《爱丽丝梦游仙境》（*Alice in Wonderland*）中柴郡猫的笑容，即使猫的身体消失后，这笑容仍坚持挂在半空之中。"好吧。"猫说。而且这一次猫消失得很慢，先从尾巴开始消失，最后才到咧开的嘴巴，（嘴巴这器官）在其他身体部分都消失后仍停留了一段时间。"哎呀！我常看见没有笑容的猫，"爱丽丝想到，"但是一个没有猫的笑容！这是我一生中见到的最奇怪的东西！"薄膜是纯粹的表面（pure surface），它没有实体事物拥有的密度，它是一个不单能够无休止地改变形态的无限可塑（plastic）的对象，而且甚至能够将自己从一个媒介转移到另一个媒介上：试想象"某个东西"，你首先听见它作为一声尖叫，然后它突然以一具恶魔般扭曲的身体的形象跳出来。一块薄膜是一个不可分割、不可摧毁的永生之物——更准确地说，是不死之物（the undead），在恐怖小说中不死之物的意义为：不是崇高的、精神性的永生，而是那种"活死物"般的淫秽的永生，这些东西在完全灭绝之后重新组织自己，并且笨拙地继续存在。正如拉康所说，薄膜不存在（exist），它坚执（insists）：它是不真实的，一个纯粹的貌似物，一种看似包藏了一个中心空洞的表象的多——它的状态是纯粹的幻影式的。力比多的这种盲目、不可摧毁的坚执，就是弗洛伊德口中的"死亡驱力"。我们个人应该谨记，悖论地，"死亡驱力"恰恰是与其词义相反的弗洛伊德式名称，恰恰是精神分析用来称呼永生的名称："死亡驱力"指涉的是生命的诡怖过剩，一股坚持超越生命与死亡、出生与腐朽那种（生物性）循环的"不死"冲动。这就是为何弗洛伊德将死亡驱力等同于所谓"强制重复"，这种重复某些超越生物之自然限制的痛苦经历的诡怖冲动，甚至在面对生物性死亡时仍要坚持它——又一次，就像恐怖片里面无休止地持续不断的活死人。这种过剩通过一个使主体"不死"的伤口作为伪装，将自身铭刻进人类身体之中，并剥夺人类死亡的能力［像卡夫卡《乡村医生》（*A Country Doctor*）中生病男孩腹部的伤口］：当这个伤口被治好，英雄或主角才能平静地死去。

63

对任何电影院常客来说，很难避免一种上述所讲的这一切全都似曾相识的感觉。拉康的描述不单使人记起恐怖片中的噩梦式生物，更准确地说，可以被视为对在他说完那些话十多年后拍的一部电影——雷德利·斯科特的《异形》

（*Alien*）——的一字一句的描述。这部电影中恶魔似的"异形"如此接近拉康的薄膜，以至于使人产生拉康在这部影片面世前就已看过它的印象。拉康谈及的每一点都出现在电影中：怪物看来不可摧毁；假如我们将它切成碎片，它只会成倍增加；它的形态很平面，会突然间飞过来包着你的脸；由于有无限的可塑性，它可以变态 / 变形为众多不同的形状；在异形体内，纯粹的邪恶动物性和机械式的盲目坚执重合。"异形"实际上是作为纯粹生命的力比多、不可摧毁而且永生。让我引述斯蒂芬·马尔霍尔（Stephen Mulhall）的话：

> "异形"这种生命形态（只、仅仅、直接）是生命——生命自身：它甚至不是一个特定的物种——根据物种、生物或自然存有的本质所定义的那样——它是自然的化身和升华，是整个自然界的噩梦式化身，这个自然界被理解为彻底遵从达尔文主义的两大驱力即求存和繁殖，并被它们彻底耗尽。①

64

它可以说在它自己的畸怪之中超越了再现，薄膜仍留存在影像界的领域之内，虽然是以一种限制性影像——一个

---

① Stephen Mulhall, *On Film*, London: Routledge, 2001, p.19.

取消所有影像的影像、一个誓要伸展想象力到不可呈现物的边界的影像——的方式。[在恐怖科幻片的领域，约翰·卡朋特1982年重拍经典的《怪形》(*The Thing*)将这种种叙事带到极端，完满地展现了异形式原质的无限可塑性和变形能力]。薄膜位处想象界和真实界交会之处，它代表了真实界最吓人的想象界维度——作为吞灭一切、溶解所有身份的原初深渊。薄膜在文学中是一个著名的、拥有多种面具的形象，从爱伦·坡作品中的漩涡到康拉德《黑暗的心》结尾处库兹的"恐惧"，到梅尔维尔《白鲸》中的皮普——被流放到海洋的底部，体验了邪恶上帝：

活生生地被带到奇妙的深度——在那里没有弯曲的原初世界在他被动的眼睛前面来回往复地滑动……皮普看见大量群集的、像上帝一样无处不在的珊瑚虫，从海底穹顶中隆起形成巨大的球状。他在桨柄的踏板上看见上帝的脚，并对着它说话。因此同船的人说他疯狂了。（梅尔维尔《白鲸》）

薄膜这种真实界，对立于其他模式的真实界、对立于科学的真实界。对于那些习惯拒斥拉康为另一个"后现代"相对主义者的人来说，这一点可能是惊奇的：拉康坚持反对后现代主义，反对那些提倡科学只不过是又一个我们正在说给自己听的关于我们自己的故事这一概念的人，反对那些认为科学这概念在其他叙事面前的明显优越性只不过建基于历史上偶然的西方"真理政权"（truth regime）（借用一个经福柯使用而变得流行的名词）的观点。对拉康来说，问题在于，这种科学式真实界：

　　……真正是我们完全欠缺的。我们和它完全隔绝……我们将永远不可能完全搞清楚那些我们性化为男人的语言存有（parlêtres）和那些我们性化为女人的语言存有这两者间的关系。①

65　　这一段文字背后的概念比表面的复杂得多，因此在这里我们必须非常精确。是什么东西将我们人类和科学所瞄准的"真实的真实界"分隔开来？这个东西既不是影像界的虚构的蛛网（即错觉、错误感知），扭曲人类的感官对象；也不是"语言之墙"，人类与现实连接的中介符号网络，而是另一种真实界。对拉康来说，这一种真实界就是铭刻在人类

① 　Jacques Lacan, *Le Triomphe de la religion, Précédé de Discours aux catholiques*, Paris: Edition du Seuil, 2005, pp.93-94.

性存有核心的那种真实界："不存在性关系"。人类性存有被一个不可化约的失败所标记，性差异是两种性位置之间的对抗，这两种性位置之间没有任何共通特性，而享乐只能在基础丧失的前提下获得。这种基础丧失和薄膜的关系，在开启这一堂课的文字中清晰地被标示了出来：薄膜这个神话呈现了一个幻影式的物体，这物体为活着的生物（人类婴儿）进入（被符号网络调节的）性差异结构时所丧失的东西提供了一具身体。因为，这种（基础）丧失的一个弗洛伊德式名称就是"阉割"，人们也可以说，薄膜是阉割的实证背面（positive obverse）：那个未被阉割的剩余物，从被困在性差异中的活体上切下来的、不可能摧毁的部分对象。

推论的结果是，比起它作为一个永远逃离符号化过程固定的跨历史的"硬核"这一概念，拉康式真实界是一个远远复杂得多的类别；它和康德口中的"物自体"完全不相干——还未被人类感官扭曲之前，独立于人类的原本的外部现实："……这个概念完全不属于康德哲学。我甚至要坚持这点。假如存在一个有关真实界的概念，它将是极端复杂并且因此而不能理解的，它不能以一种能够引申出一个全部的方

式被理解。"① 然而，我们怎样找到方法，并使真实界之谜清

66 晰一些呢？让我们以弗洛伊德的伊尔玛（Irma）注射之梦作

为起点，弗洛伊德以此开启其代表作《梦的解析》。

　　这个梦所表达的"潜在梦思"（latent thought）是弗洛伊
德对医治伊尔玛失败而感到的罪疚和责任感，这名年轻女子
是他的一名病人。梦的第一部分，弗洛伊德遇见伊尔玛，并
以弗洛伊德目击伊尔玛的喉咙深处作结；他在那里看见以原
始血肉的伪装呈现的真实界，作为原质的生命体的悸动，处
于癌变生长的令人厌恶的维度。梦的第二部分，是三位医生
的滑稽对话，作为弗洛伊德的朋友，他们为治疗失败提供各
种各样的借口，并以一个显而易见的（三甲胺）化学方程式
作结。因此，梦的每一部分都以真实界的形象化比喻结束：
首先是薄膜真实界、吓人的无形状的原质，其次是科学式真
实界、演示了大自然的无意义运作之方程式的真实界。它们
的差异取决于不同的起点：假如我们以影像界（弗洛伊德和
伊尔玛的镜像式相遇）作为开始，我们得到真实界的影像界
维度，一种能够取消意象（或肖像）的可怕原始影像；假如
我们以符号界（三位医生的论点交换）作为起点，我们得到

---

① Jacques Lacan, *Le Triomphe de la religion, Précédé de Discours aux catholiques*,
　　Paris: Edition du Seuil, 2005, pp.96-97.

一种被剥夺了全部人类意义的语言，它便转变成以无意义方程式的形式呈现的真实界。①

但是，这还不是故事的全部。我们要在这两种真实界之上，再加上第三种真实界，即神秘的 je ne sais quoi②，使普通对象变成崇高对象的一种不可理解的"某个东西"，拉康把它叫作"对象 a"。在科幻恐怖片中，存在一种异形形象，它对立于雷德利·斯科特《异形》这类无法描述、吞灭一切的怪物的异形形象。这种异形形象在一系列 20 世纪 50 年代早期以来的电影中成为不朽，当中最著名的代表是《人体异形》(*Invasion of the Body Snatchers*)③：一名普通美国人开着车在半荒废的市郊游荡，突然他的车坏掉了，于是他到最近的小镇找人帮忙；然而，他很快注意到小镇里正发生一些奇怪的事情——人们的行为很奇怪，就像他们不完全属于自己。事情对他来说已经很清楚，小镇已经被一种渗透并殖民于人体的异形接管，它们从内部控制人类，虽然异形的外表、行事方式几乎完全和人类一样，但根据定律，必然有一些细节出卖了它们的真正本质（它们双眼有一种奇怪闪光，

---

67

① 科学方程式本身不包含任何意义。——译者注
② 法语 je ne sais quoi（我不知道是什么）是 objet petite a 的别称。——译者注
③ 又译《天外魔花》。——译者注

手指或头耳交接处有太多皮肤）。这些细节正是拉康的"对象 a"——一个微小的特征，其存在神奇地将拥有它的人变成一只异形。和斯科特的电影中那种与人类天差地别的异形相比，在此出现的差异是最低限度的并且几乎难以察觉——我们在日常种族主义之中所面对的难道不就是同样的差异吗？虽然我们准备好接受犹太人、阿拉伯人、东方的他者，（总是）有一些小特征困扰着我们西方人：他们对某个字的口音、他们数钱的方式、他们笑的方式。不论他们如何努力模仿我们的行事方式，这些细微的特点使他们变成异形。

根据弗洛伊德的观点，忧郁病患者（melancholic）没有意识到他在失落对象之中失去的东西，人们必须引进拉康对作为欲望原因的"对象 a"和欲望对象这两者间的区分：欲望对象纯粹是你想要的对象，欲望原因却是引致我们想要这个对象的那个特征（某些我们通常没注意到甚至将之误认为障碍，误认为即使这样我还是想要这对象的某个细节特征）。欲望对象和欲望原因之间的裂口，也解释了为何《相见恨晚》（Brief Encounter）这部讲述不法情史的 1945 年英国通俗剧广受男同性恋者群体欢迎：两个情人在火车站月台和黑暗通道中偷偷摸摸的相遇，很像男同性恋者在 20 世纪 40 年代被迫采取的约会方式，因为他们不可以公开调情。上述特点实际上是男同性恋欲望的诱发原因，而不是阻止该欲望被满足的障碍：假如失去了隐秘状态，同性恋关系将失去因违反禁忌而带来的巨大吸引力。我们在《相见恨晚》之中得到的，不是同性恋欲望的对象（片中的情侣并非同性恋者），而是其（欲望）原因。那么就难怪，男同性恋者常常表示反对完全合法化同性恋夫妻的自由化政策，支持着他们的反对倾向的，不是（合理）意识到自由化政策的虚伪，而是一种恐惧：当失去其障碍物／原因，同性恋欲望本身将会消退。

从这个角度看，忧郁症患者主要不是一名固着在失落对象之上，没有能力实行哀悼的主体；相反，他是一名已经拥有对象，但失去了对该对象的欲望的主体，因为引发他对这对象产生欲望的原因已经消退、失去其效能。忧郁代表了一个不再被我们欲望的对象的在场，而不是对欲望被挫败的状态的极端强调——忧郁发生在我们终于得到欲望对象，但对其感到失望之时（这一点为弗洛伊德有关忧郁症患者不知道他在失落对象中究竟失去了什么东西的理论提供了新的启示）。

正是在这个意义下，忧郁［对所有实证、经验对象失望，（觉得）它们全部都无法满足我们的欲望］实际上是哲学的开端。例如，某人一生都住在某个城市，当他有一天终于被

68

迫要移居别处，自然因为即将被抛进一个新环境而感到悲伤——但是，实际上使他感到悲伤的究竟是什么？不是即将离开他长期家园的前景，而是一种更微妙的害怕：自己即将失去对这地方的依恋。使我感到悲伤的是一个事实：我意识到或迟或早——比我们愿意承认的要早——我自己将融合到新社区之中，然后忘记现在对我来说如此重要的地方。换句话说，使我悲伤的原因是我意识到我即将失去对我（目前）的家园的欲望。

这一欲望的对象原因的性质就是一个失真形象的性质：它是画的一部分，当我们从正面看画时，它看似一个没有意义的污点（blotch）；但当我们改变位置从旁边斜目而视，它就即时获得了一个已知对象的外貌（或轮廓）。在此，拉康的观点甚至更加激进：当我们从正面观看，欲望的对象原因是某种完全不显眼的背景细节，只是空洞（a void）——只有从侧面被观看时，它才拥有某一个对象的外貌。在文学中，欲望的对象原因的最美丽个案出现在莎士比亚的剧作《理查德二世》之中，布什（Bushy）尝试安慰王后，她正在担心身处战场的不幸的国王：

　　每一个悲伤的事物都有二十个影子，它们拥有悲伤的外表，但事实上不是悲伤；悲痛的眼睛中充满了盈盈泪水，将一个完整东西分为很多小对象；就像远景，从正面看仅仅是一片混乱，一旦斜目而视则显现为突出的外形：温柔的王后，歪着头看主人的离去，发现了悲伤的形状，比主人更甚，痛哭失声；而这东西——如实地观看——其实什么都不是，仅仅是它所不是的东西的影子。①

这个"对象 a"：一个没有实质一致性的独立实体，它本身"仅仅是一片混乱"，并且只有从一个被主体的欲望和恐惧扭曲的角度观看，它才拥有明确的形状——并且就此而言，仅仅作为一个"它所不是的东西的影子"。"对象 a"是一个奇怪的对象，它什么都不是，它仅仅是主体自身在对象领域之内（的标记），戴着污点的面具，只有当这领域的一部分被主体的欲望失真地变形时，它才取得具体形态。不要忘记绘画史上最著名的失真例子——霍尔拜因（Holbein）的《大使》（*The Ambassadors*）——涉及死亡：当我们从适当的侧面角度观看画作下方那个被失真地拉长的污点（位于大量人类的虚荣对象之中），它才揭示自己为一个骷髅头。布什

---

① "它所不是的东西的影子"指的应该就是"无意识的影子"。——译者注

的安慰可连同理查德后来的独白一起阅读，在当中理查德认为死亡位于虚伪的王冠中央的空洞之中，死亡正是这样神秘的小丑大师，它让我们扮演国王，享受权威，继而戳破我们的浮华外表，让我们一无所有：

　　因为王冠中央的空洞之内，筑起了一位国王的肉身庙宇，死亡维系其宫殿，弄臣在那里坐着，嘲笑他的国家，对他盛大的浮夸咧嘴相向，容许他一小口呼吸、一个小场面，成为君主，被恐惧包围并且以眼神杀戮，灌输给他自我和徒劳的幻想，仿佛这副构筑、以城墙包裹我们生命的肉体是攻不破的黄铜，而幽默因此在最后到临，带着一颗钉子洞穿他城堡的墙壁，然后再见吧国王！

　　人们一般会说理查德感到要接受"国王的两个身体"之间的区分，并学习一种被剥夺了王室魅力的普通人类生活是一件困难的事情；但是《理查德二世》的教训是，这个过程即使看来很基本和简单，最终不可能执行。为什么？简洁地说，理查德开始视其"国王性"为一个失真效果、一个"不属于任何东西的影子"；然而，剥除这个无实体幽灵之后，并没有留下有关我们实际上是什么东西的简单现实——仿佛一个人不能将神授魅力之失真和实体现实这两者简单地对立起来，犹如全部现实都是一个失真效果、一个"不属于任何东西的影子"，而且假如我们直视它，我们将得到一个混沌的虚无。因此，（结论是）我们在被剥夺符号认同和"去国王化"之后得到的，是虚无。王冠中间的"死亡"形象不是单纯死亡，而是被还原为空洞的主体自身，而这就是理查德的位置，当被亨利要求放弃王冠，他基本上回答："我不知道有一个我能够做这事！"

亨利·博林布鲁克：你是否乐意放弃王冠？

国王理查德二世：好，不；不，好（Ay, no; no, ay）；因为我必须什么都不是；所以没有所谓"不"，为了将它让给你，现在注意我，我将如何废除我自己；我从头顶让出这个沉重的皇冠，以及让这支笨重的权杖离开我的手。

对亨利请求的这种明显困惑的回应，依靠一个复杂的逻辑，基于拉康口中的"拉拉语"（lalangue）（一个自创新词，有些人翻译为"llanguag"，即语言作为违抗所有规范的非法快感空间：众多混乱的同名异义、语言游戏、"不规则"隐喻性联结和共鸣）的出色运用。它以三种方式来书写

71

（和理解）我们所说的"好，不；不，好"。理查德的话可以简单地被解读为一个加倍的拒绝，伴随感叹"ay"。或，假如我们将"ay"理解为"我"，这句子也可以被解读为一个拒绝——但这次的拒绝是建基于对我的存在的否认，即"我（说）不（因为不存在）我去做这件事"的凝缩形式。同样的观点在第三种解读中也存在，这种解读将这整句话理解为"我知道没有我"的（同音异义）："你想我做这事，但由于你要我变成虚无/失去身份、完全撤销我自己，那我以什么身份执行这事？在这种情况下，不存在能够执行这事的我，不存在能够给你王冠的我！"一个人也可以将这个对话翻译成一个现代习惯语，就像（恶）名声远播但有时令人愉悦的约翰·德班（John Durband）将莎士比亚翻译成当代日常英语那样：

　　亨利：我受够了这种废话！我要一个明确的回答：你会把王冠交给我吗？会还是不会？

　　理查德：不，不，不不！好吧，假如你坚持，我会这样做，但首先我希望你注意一个小问题：你的要求涉及一个办不到的实际悖论！你要我给你王冠因而令你成为合法统治者，但你将我放在一种使我沦为无名小卒和虚无的处境里，因而剥夺了我做出你要我执行的有效的述行动作！因此，既然你控制一切并置我于你的权力之下，那为什么不呢，我干脆直接给你该死的王冠——但我警告你，我这个动作纯粹是一个身体动作，不是一个能够使你成为国王的真正述行动作！①

卓别林绝对杰作之一《城市之光》中有一个值得铭记的场面。当流浪汉不小心吞下哨子，他不断打嗝，结果引致一个滑稽效果。由于空气在他胃里流窜，每一次打嗝都造成一阵奇怪的体内哨子声；尴尬无比的流浪汉拼命试图掩盖怪声，却不知道应该怎么办。这个场面不是展现了最纯粹的羞耻吗？当我面对来自我体内的过剩之物，我感到羞耻，同时在这场景中羞耻的来源是一个声音，这一点很重要：幽灵似的声音从我身体内部发出，声音作为一个没有身体的自主器官，位于我身体的中心地带，但同时不受控制，像一个寄生虫、一个外来的入侵者。

这一切指向一个结论，对拉康来说，在其最激进层面，真实界必须被完全去实体化。真实界不是一个抗拒符号网络

---

① "述行仪式"的定义，参见本书第一堂课开首的描述。——译者注

捕捉的外部东西，而是符号网络自身的一个内部裂口。作为藏在表象面纱背后的怪物式原质的真实界，正是一个轻易地将自身借给新纪元挪用的终极诱饵——理查德·卡尼（Richard Kearney）正确地强调了这一点——正如约瑟夫·坎贝尔（Joseph Campbell）的怪物式上帝这个概念所形容：

怪物是指某种炸掉你所有和谐、秩序和道德操守的标准的恐怖存在或幽灵……那就是扮演毁灭者角色的上帝。这种体验超出了道德判断。这被全部消灭……上帝令人毛骨悚然。[1]

在此，诱饵是什么？就以巨大原质（substantial Thing）的面目出现的真实界这一概念而言，拉康成就了一个最终等同爱因斯坦从狭义相对论到广义相对论之过渡的颠倒。虽然狭义相对论已经引进了弯曲空间的概念，它视这种弯曲为物质（对空间施加的）效果：物质的存在导致空间弯曲，换言之，只有空无一物的空间才是不变形或非扭曲空间。通过从狭义相对论过渡到广义相对论，上述因果关系被推翻了：不

---

[1] Campbell, Joseph, *The Power of Myth*, New York: Doubleday, 1988, p.222.

但没有导致空间弯曲，相反，物质是空间弯曲的结果，换言之，物质的出现暗示空间是弯曲的。有关相对论这一切，究竟和精神分析有什么关系？两者的关系远远大于表面所见：在与爱因斯坦理论类似的情况下，对拉康来说，真实界即原质，并不是导致符号空间弯曲的惰性在场（引入了裂缝和不一致性），恰好相反，真实界其实是这些裂缝和不一致性的效果。

这带领我们回到弗洛伊德，他发展其创伤理论时改变立场的方式，与爱因斯坦上述的转移奇怪地一致。开始时，弗洛伊德提出心理创伤作为一种从外部入侵我们精神生活并干扰其平衡的东西，使组织起来的我们经验的符号坐标脱轨——试想象一次残暴的强奸或目击（甚至遭受）残酷行刑。从这种视角看，问题在于怎样符号化心理创伤，怎样将它整合进我们的意义世界继而取消它的冲击力。后来，弗洛伊德选择了相反的进路。弗洛伊德对其著名俄国病人"狼人"的分析——作为一个一岁半的儿童，他目击了父母的"性交"，被孤立地视为标记其幼年生活的早期创伤事件。但是原来这个"性交"场景发生的时候，当中没有任何创伤性的东西：这事远远没有重创这位小孩儿，他只是将一件完全意义不明的事件印刻在记忆之中。一直到数年之后，当小孩儿开始迷恋"小孩子来自哪里"的问题，并开始发展其孩童性理论之时，他才从记忆中提取这个事件，以便将它用作一个具体化性奥秘的创伤性场景。这个场景因而被创伤化，并提升为一个创伤性真实界——仅仅是回溯性地——以便协助孩子应付其符号世界的僵局（他没有为性奥秘找出答案）。这与爱因斯坦式转移的方式完全一致，在此，原本的事实是符号僵局，而创伤性事件被叫醒／恢复以便被用作填塞意义世界中的裂口。

　　同一个道理难道不是同样适用于社会对抗这一真实界吗？反犹主义"物化"（利用一个特定群体具体化）固有的社会对抗：它将犹太人看作一个从外面入侵社会躯体并扰乱社会平衡的原质。在从阶级斗争到法西斯反犹主义这一转移中发生的，不是用一个敌人形象（犹太人）简单地替换了另一个敌人形象（资产阶级、统治阶级），两方斗争逻辑完全不一样。在阶级斗争中，不同的阶级间的对抗是社会结构本身固有的；相反，犹太人是一群导致社会对抗的外来入侵者，结果为了恢复社会和谐，我们只需消灭犹太人。换句话说，这种逻辑和幼年"狼人"为了组织他的幼稚的性理论而复兴（或唤醒）父母性交场面的方式完全一模一样，法西斯反犹主义者将犹太人提升为引发社会衰败的怪物式原质。

最后一点要注意的是，拉康如何常常为了澄清精神分析真实界之谜，而诉诸科学真实界并引用来自"硬科学"的例子——我们应如何看待这些比喻？它们只是纯粹的隐喻，没有固有认知价值的教学性借用，抑或它们牵涉两个领域间某种理论关联？虽然拉康倾向低调处理他的借用，将它们简化为教学工具，情况往往更模棱两可。

让我们看看拉康处理被他称为 savoir dans le réel（真实界之中的知识）的时候对"硬科学"的描述：就仿佛世上存在一种被直接刻进自然事物和自然过程的真实界的自然法则知识——举个例子，一块石头"知道"当它下坠时要遵守哪一条重力法则。上述描写里可能看似隐藏了自然和历史的差异：在人类的历史中，"法则"是可以被遗忘或不遵守的常规。卡通片里存在一种原型场景，它的滑稽效果恰好是依赖对这两个层面的混淆：一只猫在半空中飘浮式地走路，仅仅当它往下观看且意识到自己脚下没有实地时，它才掉下去——就好像这猫暂时忘记了身体要遵守自然法则而要被提醒一样。无论如何，从喜剧过渡到悲剧，当一个政权在历史现实中瓦解，人们是否会按照相似的思路，区分这个政权的两种死亡——符号和真实死亡？这两者间的差距可以双向延伸：存在一些奇怪的时代，当中的政权在短时间内维持其权力，虽然它所在的时代已明显终止，就好像由于它没有注意到自己已经死亡而继续生存一样。拿破仑1815年从厄尔巴岛东山再起不就是类似的事件吗？正如黑格尔写道，拿破仑要被击败两次才明白：他1813年的第一次败仗还可以被当作历史上一个偶然事件，而只有通过他在滑铁卢的再次失败，人们才明白拿破仑的终结代表了一种更深刻的历史必然性。然而世上也存在一些奇异的时代，虽然一个政权继续存在了一段时间，每一个人（包括这政权的成员）某种程度上早已意识到它的时代已经过去，他们正活在借来的时间之中。

然而，上述悖论真的只能存在于人类历史的领域中吗？在其最大胆的地方，量子力学看来真的容许这样一种暂时悬置和"忘记"真实世界的知识（或真实界的知识）的卡通片悖论。想象你在某一天（X）要乘飞机去领取第二天的财富，但没有钱买机票；然后你发现航空公司的会计系统是这样设计的：假如你在到达目的地之后的24小时内电汇机票钱，没有人会知道你在出发之前其实没有付款。以同样的方式：

76

一个粒子的能量可以疯狂波动，只要这种波动限于足够短的时间之内。所以，就像只要你还款的速度够快，航空公司会计系统就"容许"你"借钱"购买飞机票一样，只要一个粒子能够在被海森堡不确定原则所限定的时间之内交还能量，量子力学就容许粒子"借用"这个能量……但量子力学迫使我们将这个类比再推进关键的一步。想象某人是一个强迫症借钱狂，他不断向一个又一个朋友借钱……借然后还，借然后还——一次又一次持续不断地，他借了钱又在短时间内还清……相似的能量和动力的疯狂来回移位，正在微观距离及时间间隔的宇宙之中永恒地继续发生。[1]

　　甚至连下面的情况也是如此：在一个空无一物的空间区域内，一个粒子从无之中出现，从未来"借取"能量，并在系统还没发现这种借还之前偿还它（伴随它自身的吞灭）。整个网络可以通过这种方式运作，处于一种借取和吞灭的节奏之中：从他人那里借取、将债务置换（displacing）到他人身上、延迟偿还债务。这种机制所预设的是事物的直接而残酷的现实与某种媒介（大他者）中登载这一现实，这二者间存在一个最低限度的差距：只要后者相对于前者有一个时间上的延迟，人们就可以作弊。量子力学之所以如此奇怪的原

---

[1]　Greene, Brian, *The Elegant Universe*, New York: Norton, 1999, pp.116-119.

因在于，一个人"真的"可以在存有的问题上作假。

　　与量子力学相对应的爱因斯坦相对论，也提供了与拉康理论出乎意料的相似物。相对论的起点是一个奇怪的事实：对每一个观察者而言，不论他从什么方向以多快的速度移动，光会以同样速度移动；以一种相似的方式，对拉康而言，不论欲望主体是朝向或逃离他的欲望对象，这个对象看来都会和他保持相同距离。又有谁能忘记梦中见过的可怕情境——我越努力逃走，就越发静止在同一个地点？这个悖论可以被欲望对象和欲望原因这两者的差异简洁地解释：不论我多么接近我的欲望对象，其原因都永远和我保持一个距离，永远难以捉摸。此外，通过弯曲空间这一概念，广义相对论解决了就观察者而言的宇宙间每一个运动的相对速度与光的绝对速率（以独立于观察点的恒定速度移动）这两者之间的二律背反问题。以一种相似的方式，对于主体接近或逃离其欲望对象以及欲望对象原因的"不变速度"（及与主体的不变距离）两者间的二律背反，弗洛伊德的解决方案就是欲望的弯曲空间：有时，实现一个欲望的最快捷径是回避其对象或目标，走弯路，或延迟和对象的相遇。拉康所谓的"对象 a"，就是造成这种（欲望空间）弯曲的动因：它就是那个无法理解的 X，正是因为它，当我们遭遇欲望对象时，围绕欲望对象跳舞比直接接近它能得到更多满足感。

今天的物理学陷于一种奇怪的二元性之中：相对论提供了在宏观（宇宙）层面大自然如何运作的最佳描述，量子力学则提供了大自然在微观（次原子）层面如何运作的描述，问题在于两种理论互不兼容，以至于中心问题是如何完成一个朝向"统一的"将两种理论结合起来的万物论（theory of everything）。然后，当我们在弗洛伊德理论的中心二元性之中找到上述二元性的回声时，我们将不会感到惊奇：一方面，无意识的诠释学，梦的分析，口误，症状（被弗洛伊德三本早期杰作《梦的解析》《日常生活的精神病理学》《笑话及其与无意识的关系》所例证）；另一方面，无意识的动能学，有关我们精神机制作为处理力比多能量的机器的比较实证主义的研究，带来有关不同驱力的变形（变迁）（在弗洛伊德的性存有理论著作中第一次登场）。在概念层面，上述分裂最佳的例子是有时被弗洛伊德当作可互换的两个术语：无意识（其形成有待诠释）和本它（无意识能量的所在地）。怎样将弗洛伊德体系的这两个方面整合起来？在众多晚期拉康的新创词中，有与"symptoms"（症状）相对的"le sinthome"［即 sinthoms，它引发了一系列联想，从"圣·托马斯"（Saint Thomes）到"健康的音调"（healthy tone）再

78

到"综合人"（synthetic man）]。相对于症状作为来自无意识的加密信息，"sinthoms"是一种"享乐原子"，语言和享乐的最低限度综合，渗透了享乐的符号（就像我们强迫性地重复的一个抽搐）。"sinthoms"难道不就是享乐量子最小、最基础的单元吗？它们本身难道不是等同于超弦理论——那个注定要将现代物理学的两个方面即相对论和量子力学整合在一起——的精神分析理论产物吗？虽然人们时常责备拉康忽视了弗洛伊德一直坚持的精神分析和自然科学的联结，但是这个联结完好无缺地存在并活跃于拉康的作品之中。

79

第五堂课　自我理想与超我：
拉康作为《卡萨布兰卡》的观众

这世上除了超我就再没有其他东西会强迫人享乐。超我是 jouissance（快感）的命令——享受！ ①

虽然 jouissance 可以被翻译成"享乐"，拉康的译者常常不翻译这个法语，以便传达其过剩的、适当的创伤的特质：我们处理的不是简单的愉悦，而是一个带来痛苦多于愉悦的粗暴入侵。这就是我们通常感知弗洛伊德式超我的方式——这个残忍和虐待狂般的道德机制，它利用不可能满足的要求轰炸我们，然后高兴地观察我们为满足要求所做的失败努力。那么，难怪拉康在快感和超我之间建立一个等式：享乐

---

① Jacques Lacan, *On Feminine Sexuality: The Seminar, Book XX*, New York: Norton, 1998, p.3.

不是遵循一个人自发倾向的问题，更像是一种古怪和被扭曲的道德责任。

这条简单但出乎意料的命题概括了拉康解读弗洛伊德的方式。弗洛伊德描述推动主体合乎伦理的机制时采用三个不同的名词：他谈论理想自我（Idealich）、自我理想（Ich-Ideal）以及超我（Über-Ich）。他倾向于将这三个名词放在一起，他常常采用"Ichideal oder Idealich"（自我理想或理想自我）这样一种表达方式，而他的小册子《自我与本我》（*The Ego and the Id*）的第三章的名称是"自我和超我（自我理想）"。拉康为这三个名词引进了一种准确的区分：理想自我代表主体的理想化自我影像（我希望自己成为的那个人、我希望他人看待我的方式）；自我理想是一种我试图用自我形象给其留下深刻印象的机制，是监视着我和驱动我尽力表现自己的大他者，是我尝试追随和实现的理想；而超我则是同一种机制的报复性、虐待狂的、惩罚性方面。这三个名词背后的结构原则很明显是拉康的影像界—符号界—真实界的三角结构：理想自我是影像界的，它是拉康口中的"小他者"，自我的理想化双重形象；自我理想是符号界的，它是我的符号认同点，我从大他者的角度观察（和判断）自我的点；超我则是真实界的，它是一种残忍的、贪得无厌的机制，它用不可能满足的要求轰炸我，嘲笑我为满足要求所做的失败尝试，我越尝试压抑自己"罪恶的"欲望并满足其要求，我在它的眼中越是有罪。关于那些在表演式公审中自证清白的大儒主义的斯大林式格言（"他们越是无辜，就越应该被枪毙"）就是最纯粹的超我。

从这些精确的区分所得出的结论是，在拉康眼中，"就它最义务的要求而言，（超我）和良心完全不相干"[1]，相反，超我是一种反道德的机制，是不道德的等义词。既然这样，另外两个哪一个才是真正的伦理／道德机制？我们是不是应该——像某些美国精神分析师提倡的那样，依赖弗洛伊德的几个模糊的构想——将"善良的"（理性–温和的、关怀的）自我理想设置为"坏的"（非理性–过剩的、残忍的、激发焦虑感的）超我的对立面？尝试带领病人摆脱"坏的"超我，然后追随"善良的"理想自我？拉康反对这种过于简单的解决方式——对他来说，唯一的恰当的伦理／道德机制是弗洛伊德的三个名单中缺席的那个，即拉康有时称之为"欲望的律法"的那个机制，它要求人们根据欲望行事。这一欲望的律法和自我理想之间的裂口至关重要。对拉康来说，表面上

81

---

① Jacques Lacan, *The Ethics in Psychoanalysis*, p.310.

看似善良并带领我们道德成长和成熟的自我理想机制，通过采纳现存符号秩序的所谓"合理"要求的方式，强迫我们出卖欲望的律法。超我——利用伴随它的过剩罪疚感——只是自我理想必然的另一面：它代表出卖欲望律法的一面向我们施加难以忍受的压力。我们在超我的压力下体验到的罪疚感不是幻觉而是真实的——"唯一一件能够使人类真正觉得罪疚的事情是在一个人的欲望的问题上让步"[1]。而超我的压力则显示了我们实质上在出卖自己欲望的问题上有罪。

在此，让我们转向分隔了自我理想和超我的那个裂口的一个例子，即好莱坞经典电影之一由迈克尔·柯蒂兹执导的《卡萨布兰卡》(*Casablanca*) 3/4 处的一个著名的短暂场面[2]：女主角伊尔莎·伦德（Ilsa，英格丽·褒曼饰演）来到里克·布莱恩（Rick，亨弗莱·鲍嘉饰演）的房间，企图取得过境许可证，让她和她的丈夫——反抗运动的领袖——维克托·拉斯洛（Victor Laszlo）逃出卡萨布兰卡，经葡萄牙前往美国。在里克拒绝给她许可证之后，她拿出枪威吓他。

---

[1] Jacques Lacan, *The Ethics in Psychoanalysis*, p.314.

[2] 在此，主要参考 Richard Maltby, "'A Brief Romantic Interlude': Dick and Jane go to 3 1/2 Seconds of the Classic Hollywood Cinema", in *Post-Theory*, eds. David Bordwell and Noel Carroll, Madison: University of Wisconsin Press, 1996, pp.434-459.

他告诉她"开枪吧，你这是帮了我的忙"，于是她凄然泪下，并告知当初她在巴黎抛弃他的原因。当她说到"假如你当时知道我多么爱你，现在仍然多么爱你"时，他们在特写镜头下拥抱在一起。电影画面渐溶为一个深夜机场灯塔的3.5秒画面，我们看见灯塔的探照灯在盘旋，然后镜头以渐溶方式回到里克房间窗前，里克站在那里抽着烟向外张望。然后他转向房间，说"然后呢？"，而她继续她的故事……

82

在此马上出现的问题当然就是：在那3.5秒机场画面的时间里，房间里发生了什么事情？他们是不是上床了？莫尔特比（Maltby）是对的，他强调在这个问题上电影不但不含糊，相反，电影产生了两个非常清楚但相互排斥的意义——他们上床了，以及他们没有上床。电影提供了清楚的信号，暗示他们上床了，同时又提供了毫不含糊的信号暗示他们不可能在那段时间内上床。一方面，一系列经过编码的描写暗示两人曾经上床，那3.5秒的镜头代表更长的时间〔两人激情拥抱然后镜头淡出的手法通常暗示随之而来的（性）行动，其后的抽烟镜头也是（性）行动后放松时刻的标准信号，具有粗俗的菲勒斯内涵的灯塔也是如此〕；另一方面，一系列平行的描写暗示他们没有上床，而那3.5秒镜头对应着真实的故事时间（背景里的床没有乱，同一个对话似乎在没有中断的情况下继续）。甚至在里克和维克托在机场的最后对话中，当他们直接谈及这个晚上的事情，两人的对话可以用两种方式理解：

里克：你说你知道伊尔莎和我的事情？

维克托：是的。

里克：你不知道昨晚她在我那里……她为了过境许可证来找我，对吗，伊尔莎？

伊尔莎：是的。

里克：她试遍了所有方法，但全都失败。她使出浑身解数说服我她仍然爱我。那件事很久以前已经结束了，为了你她假装事情还没结束，而我任由她假装。

维克托：我明白。

哦，我肯定不明白——到底他们有没有上床？莫尔特比的解决方案是坚持认为这个场面提供了一个典范案例，一个有关《卡萨布兰卡》怎样"通过这样一种方式刻意构造自身，以致能够向同一间电影院里坐在一起的两个人提供多种截然不同的、另类的乐趣"，以致这出作品"能够同时娱乐

'纯真'和'老练'的观众"。① 虽然在电影的表层叙事里，电影可以被观众构想为遵守最严格的道德规条，但它同时向足够世故的观影者提供了充足的暗示，让他们构筑另一种在性方面更大胆的叙事线。这个策略比看起来的要复杂得多：正是因为获得公开叙事的"掩护"或者说"被赦免了罪疚冲动"②，你才能沉溺于肮脏的幻想之中。你知道这些幻想不是"认真的"，即（你认为）这些幻想在大他者的眼中不算数。对莫尔特比，我们唯一要做的修正是，我们不需要两个坐在一起的观众，一个内在分裂的观众已经足够。

　　采用拉康的术语：在那关键的 3.5 秒中，对大他者来说，伊尔莎和里克没有上床（在这种情况下，公共表象的秩序不应被侵犯），但为了我们污秽的幻影式想象，两人确曾上床。这就是最纯粹的固有越轨（或内置越轨）的结构，好莱坞需要两个层面才能运作。这一点自然带领我们回到自我理想和淫秽超我之间的对立：在自我理想的层面（在此等同于公共的符号律法，那些我们在公开演说中假定要遵从的一组规则），有问题的事情从没发生，文本很干净；在另一个层面

---

① David Bordwell and Noel Carroll, *Post-Theory*, Madison: University of Wisconsin Press, 1996, p.443.

② 同①，p.441。

84

上，文本以超我命令"享受！"轰炸观众——换言之，让路给污秽的幻想。再用另一种方式描述，我们在这里遇见的是恋物式／拜物教式分裂的明显例子，"je sais bien, mais quand meme..."（我清楚地知道，但我仍然……）的拒认式结构。你可以沉溺于其中，因为一个事实赦免了你的罪疚——在大他者眼中，他们确实没有上床。表象确实很重要：你可以拥有多种污秽的幻想，但问题在于哪一种幻想将被整合进符号律法的公共领域之中，并被大他者注视。这种双重解读并不单纯是来自符号律法的妥协，因为律法只关心维持表象的，并在污秽幻想不侵害／蚕食公共领域的条件下，容许你的污秽想象自由行事。律法本身需要淫秽增补，律法由它来支撑。

二十世纪三四十年代臭名昭著的《好莱坞制片法规》（*Hollywood Production Code*），又名《海斯制片法规》（*Hayes Code*）不单纯是一个消极的审查法规，而且也是一套生产出过剩（但其直接表现被法规阻止）的积极的（正如米歇尔·福柯所说"富生产力的"）法规编整和管制。[①]为了正常运作，这种禁令必须依赖一种对被禁止叙事层面真正发

---

① *Motion Picture Production Code*（*Hayes Code*）是 1930 年由美国制片业订立的道德规条。——译者注

生的事情的清楚意识。《海斯制片法规》不是单纯禁止某些内容，而是通过编码暗中发表这些（被禁的）内容，正如门罗·施塔尔（Monroe Stahr）给菲茨杰拉德有关《最后的大亨》该如何编剧的著名指示：

任何时候、任何时刻，只要她在屏幕、在观众的视野中出现，她就想跟肯·韦勒德上床……不论她在做什么，都是为了跟肯·韦勒德上床。假如她走过一条街，那是在前往跟肯·韦勒德上床的途中；假如她在吃东西，那是为了获取足够能量跟肯·韦勒德上床。但是任何时候你都不能公开表露她想跟肯·韦勒德上床的印象，连她仅仅在考虑跟肯·韦勒德上床的印象都不可以，除非他们被得体地批准（上床）。①

在此，我们可以看见基础禁令，远非单纯以消极方式运作，它导致了最普通的日常事件的过度性欲化。可怜饥饿的女主角所做的每件事情——从走过一条街到吃饭——都被变质为她想和男人上床的欲望的表达。我们可以看见，这个基础禁令的运作是严格意义上的倒错，在这范围内它不可避免

85

---

① F. Scott Fitzgerald, *The Last Tycoon*, Harmondsworth: Penguin, 1960, p.51.

地陷入一种反身式转向／翻转，在当中对被禁止的性内容的防御本身产生了一种过剩的、全面纵欲式的性欲化——审查的作用比表面所见的更模糊。对上述论点的明显指责是，我们因此无意中抬升《海斯制片法规》为一架（对统治系统而言）比直接的宽容更有威胁性的颠覆机器吗？难道我们不是在宣称，直接审查越严厉，它生产的意外副产品就越具颠覆性吗？对这一指责的回答，是强调这些无意中的淫秽副产品是符号统治系统的内在越轨，是符号统治系统不被公开承认的淫秽支点，而其实际上并没有威胁系统。

在西方文学中，第一个完全意识到这一点的人是尤利西斯（Ulysses），而莎士比亚的天才则将尤利西斯的这个方面运用在《特洛伊罗斯与克瑞西达》（*Troilus and Cressida*）之中——难怪，直到今天这出剧作还在诠释者中引起混乱。在第一幕的战争议会中，希腊的（或莎士比亚所说"希腊式"，今天或被称为布什模式）将领们尝试总结他们在八年战争后仍无法占领和摧毁特洛伊的原因，尤利西斯从一个传统"旧价值"的立场介入，将希腊失败的真正原因定位在他们对中央化层级秩序的忽视，在这种秩序中每一个个体都占据一个恰如其分的位置：

86

统治的专长被忽视：

并且看吧，多少希腊式营帐站立空洞地

立于这片平原，那么多空洞的派别。

……噢，当等级动摇，

它是通往所有高等企图的阶梯，

然后企业生病了！社群、学校中的等级

和城市中的兄弟之谊、

来自可分割的海岸的和平商业、

长子继承权和出生的债务

年纪、王冠、权杖以及月桂的特权

根据等级，全都站在真实位置？

拿走等级，使弦线走调，

然后，听吧，看看出现何种矛盾！所有事物都在

单纯的反抗中相遇：有界限的海域

应该将胸膛抬到高于那些海岸

让这个坚硬的球体变成一块湿面包：

力量应该是愚蠢的主人，

粗鲁的儿子应该打死他的父亲：

力量应该是对的；又或，对或错，

公义存在于人的无尽头的罐子之间，

应该失去他们的名字，公义也应该失去名字。然后

所有事物让自身包含在权力之中……

那么，究竟是什么引致了这种崩解，最终导致每个参与权力的人都陷入民主恐怖？在其后，尤利西斯想说服阿喀琉斯（Achilles）重新加入战争，他动用了时间作为渐渐削弱自然等级秩序的破坏性力量这一隐喻，即在时间的进程里，你的古老英雄式行动将被遗忘，你的荣誉将被新英雄掩盖——因此假如你想延续你战士荣光的闪耀，你就要重新加入战争：

87

时间，尊敬的阁下，他的背后挂着一个皮夹，

他将为湮灭准备的救济品放在里面，

一个忘恩负义的巨型怪物：

那些碎屑是过去的好的事迹；被吞没

一造好就被吞没；一完成就

被遗忘：不屈不挠，亲爱的阁下，

使荣誉保持光亮：完成就是不合时宜地

悬挂，像一个生锈的盔甲

在丰碑式的嘲讽之中。

……噢，让美德不要寻找

报酬——为它本来所是的东西；因为美丽、机智、

门第、臂力、事业、

爱情、友谊、慈善，

全都服从妒忌而无情的时间。

（第三幕，第三场 147—176）

在此，尤利西斯的策略极度含糊。在第一步，他仅仅重申有关"度"（制度化的社会层级）的必要性的论点，并描述时间作为削弱真实价值的侵蚀力量——一个极端保守的主题。然而，仔细阅读，尤利西斯为他的论点加上一个独一无二的犬儒主义扭转：我们应该怎样对抗时间、保持旧价值的生命力？不是依靠直接坚持旧价值，而是通过以淫秽的现实政治（Realpolitik）残酷操纵、欺骗、利用一个英雄对抗另一个英雄的方式增补这些价值。只有这种污秽的阴暗面，这

种隐藏的不和谐，才能维系和谐（尤利西斯玩弄阿喀琉斯的妒意，他谈及竞赛——正是这种态度使等级秩序不稳定，因为它暗示了一个人不会满意自己在社会内的从属地位）。秘密操纵妒忌——正好是对尤利西斯在第一步提倡的规则和价值的违反——成为对抗时间效果并维持"度"的等级秩序所需要的东西。这将会是尤利西斯版的哈姆雷特名言"时间脱了臼/噢，尽管被诅咒/让我的诞生使它重返正轨！"。唯一"使它重返正轨"的方式是利用它本身的固有的越轨行为来抵抗对旧秩序的违反，秘密的犯罪服务于这一秩序。我们为此付出的代价是，这样幸存下来的秩序成为对自身的嘲讽、成为对秩序的亵渎模仿。

公共律法需要某种隐藏超我淫秽性的支撑，这在今天比以往任何时候都更真实。回想一下罗布·赖纳执导的《义海雄风》（*A Few Good Men*）——一部有关军事法庭的电影，故事描述两名海军陆战队士兵被控谋杀一名战友，军方检控员宣称这是一项蓄意谋杀，而辩方律师（汤姆·克鲁斯和黛米·摩尔分别饰演的卡菲和乔安妮，他们怎可能失败？）则成功证明两名被告遵从了所谓"赤色规条"，即军事群体内一套不成文规条，授权在夜间以私刑痛殴一名违反了海军陆战队伦理标准的士兵。这样一种规条容忍了违法行为，它是非法的，但同时重新确认了群体的内聚力。它必须隐藏在夜色掩护下，不被承认、难以形容——在公开场合，每一个人都假装不知情，甚至主动否认秘密规条的存在（可以预料，这场电影的高潮是尼科尔森饰演的杰希普怒火的爆发，他就是下令执行夜间痛殴的军官，他的公开爆发，当然就是他的垮台时刻）。

虽然违反了共同体的公开规则，但这样一种规条代表登峰造极的共同体精神，向个体施加最强烈的压力以形成集体认同。对立于成文的公开法律，这样一种超我淫秽规条本质上属于口语的领域，犹如秘密地隐藏在公开视野后面。这一点道出了弗朗西斯·福特·科波拉执导的《现代启示录》（*Apocalypse Now*）的教训：库尔茨（Kurtz）不是某个野蛮过去的剩余物，而是现代西方权力本身的必然结果。库尔茨是一名完美的军人，因此，通过他对军事权力系统的过度认同，他变成系统要消灭的过剩之物。《现代启示录》的终极洞见是，权力制造了自身的过剩，权力必须通过模仿战斗对象的行动消灭这个过剩（威拉德刺杀库尔茨的行动在正式记录中是不存在的，"这行动从未发生"——正如向威拉德简报行动内容的将军所讲）。

在此，我们进入了秘密行动的领域——权力永远不会承

89

认自己正在做的事情。2005 年 11 月，美国副总统迪克·切尼说打击恐怖分子意味着"我们同时要进行……某种阴暗的工作……大量需要做的事情将会以静悄悄且没有任何讨论的方式完成"。难道他不像死而复生的库尔茨在说话吗？2004 年美国国家广播公司举行了一场有关关塔那摩监狱中被囚者命运的辩论，其中一个支持这做法（未经审讯下囚禁）的伦理—法理可接受性的怪异论点是，"他们是轰炸的幸存者"——由于他们是美国轰炸的目标但意外幸存下来，并由于轰炸是合法军事行动的一部分，因此，当他们在战争结束后被俘虏时，就不能因为自己遭遇的命运而谴责美国。这个论据提倡，不论这些人的境况如何，相对于死亡，（他们现在的）状况更好、更不严苛。这种逻辑透露了超出其意图的内容：它名副其实地将被囚者置于活死人——那些某种程度上已经死了的人（他们的生存权因成为合法的谋杀性轰炸的目标而丧失）——的位置，以致他们现在成为吉奥乔·阿甘本（Giorgio Agamben）所讲的牲徒（homo sacer），一种我们可以合法地杀死的人类，因为在法律眼中，他的生命不算数。假如关塔那摩被囚者被安置在"两种死亡中间"的空间，占据了牲徒的位置，在法理上已经死亡（被剥夺明确的法律地位）但生理上仍然活着，那么以这种方式对待他们的美国政府同样身处某种中间的法律状态，并变成牲徒的对应物。虽然以法律权力的身份行事，美国政府不再受到法律保护或约束。相反，他们在法律领域内部的一个空白空间内操作。

因此，当美国总统布什 2005 年 11 月断然正式宣布"我们不使用酷刑"，（然而）同时否决约翰·麦凯恩（John Mc-Cain）提出的法案，该法案明文禁止对那些被视为危害美国利益的被囚者使用酷刑，我们要将这种自相矛盾解释为公共话语、社会自我理想与其淫秽超我增补物之间的张力标记。这就是弗洛伊德的超我概念的恒久实在性的又一个证据——假如还需要证明的话。

第六堂课 "上帝已死，但他自己还不知道"：拉康作为陀思妥耶夫斯基《布爆》①的读者

无神论的真正公式不是上帝已死——即使在将父亲功能的起源建立在弑父之上的时候，弗洛伊德也在保护父亲——无神论的真正公式是：上帝无意识地行事②。③

为了正确地理解这一段，一个人要将它同拉康另一个命题一起阅读。这两个分散的句子应该像两块拼图那样对待，结合在一起就组成完整的命题。只有两者的互相关联（加上

---

① 又译为《嚗嚗啪啪》。——编者注

② 让我们细心地区分下面这两个看似类同而实则天差地别的句子："上帝（就）是无意识"（God is the unconscious）和"上帝无意识地行事"（God is unconscious）。前者将症状和快感提升到黑暗神的高度并取消伦理领域（我们将不可避免地想起荣格），后者则取消了上帝的全能特性，取消了大他者的终极担保能力，简而言之，"上帝也有无意识"全等于"大他不存在"。——译者注

③ Jacques Lacan, *The Four Fundamental Concept of Psycho-Analysis*, p.59.

提及的父亲不知道自己已死的弗洛伊德梦案例）[①] 能让我们展开拉康的基本命题的全景：

> 大家都知道，卡拉马佐夫神父的儿子伊凡带领后者进入那些受过教育的人心目中大胆无耻的场所，特别是伊凡说，假如上帝不存在……假如上帝不存在，神父说道，那么一切都将被允许。很明显这是一个幼稚的想法，我们分析师百分之百知道假如上帝不存在，一切都将不再被允许。官能症患者每天都向我们证明这个事实。[②]

现代无神论者认为他知道上帝已死，无神论者不知道的是他们自己继续无意识地相信上帝。现代性的特征已不再是以下的标准信徒形象：怀疑自己内心的信念，同时幻想着自己违反教规。相反，今天我们看见的是一个宣称自己致力于追求快乐的宽容享乐主义者，其无意识则成为禁令的场所：被压抑的不是非法欲望或快感，而是禁令本身。"假如上帝

92

① 因此，将这个梦同我们在第三堂课中解释过的那个有关死去的儿子出现在父亲面前（并带来可怕的责备："父亲，难道你看不见我在燃烧吗？"）的梦结合起来，拉康的论点也可以被改写为对上帝——天父的责备："天父，难道你看不见你已经死了吗？"

② Jacques Lacan, *The Ego in Freud's Theory and in the Technique of Psychoanalysis*, New York: Norton, 1988, p.128 .

不存在，那么一切都被禁止"这公式意味着，你越视自己为无神论者，你的无意识越是被一些破坏你享乐的禁令所主宰。（我们不应忘记用这个命题的反面来补充它：假如上帝存在，那一切都被允许——这难道不是对原教旨主义者困境的最简洁定义吗？对他来说，上帝完全存在，他视自己为上帝的工具，这就是为何他可以做任何他想做的事，他的行动事先得到救赎，它们表达了神圣意志……）

因此，压迫性权威的倒台不但没有带来自由，反而带来新型和更严厉的禁令。我们要如何解释这个悖论？回想一个我们大部分人都记得的童年往事——不幸的小孩儿在星期天下午不得不去探望祖母，而不是被准许和朋友去玩。旧式权威型父亲给不情愿的儿子的信息是："我不管你感觉如何。你只管尽你的责任，去你祖母家然后表现得乖乖的！"在这案例中，孩子的困境根本不太坏：虽然被迫做一些他明显不愿意做的事，他将保留他的内在自由和（以后）反叛父权的能力。"后现代"民主型父亲给儿子的信息则狡猾得多："你知道祖母多么爱你！但无论如何，我不想强迫你探访她——你真的想去才去吧！"每个不笨的小孩（通常他们肯定不笨）将马上发现这个纵容态度背后的陷阱：在自由选择的表象之下，存在一个甚至比传统权威型父亲的要求更具压制性的要求，换言之，小孩不但要服从探访祖母的隐含命令，而且要自愿地、出于自由意志地服从。如此一个虚假自由选择是淫秽超我的命令：它连小孩的内心自由都剥夺了，不但规定他要做什么，而且规定了他的意愿。

数十年来，一个经典笑话在拉康派精神分析师间流传，以说明大他者知识的关键作用：一个认为自己是一粒种子的男人被送进精神病院，医生们通过努力终于成功说服他，他不是一粒种子而是一个人。当他被治好离开医院，却马上跑回来浑身发抖。门外有一只鸡，他怕它会吃掉自己。"老朋友，你很清楚你自己不是一粒种子而是一个人。""当然，我很清楚。"病人回答，"但是，那只鸡知道吗？"在此我们发现了精神分析治疗的真正利害关系在于：说服病人有关症状的无意识真相是不够的，无意识本身必须被引导去承担这个真相。

同一个道理也适用于马克思主义的商品拜物教（commodity fetishism）理论：

第一眼看起来，一个商品极明显是一件琐碎的东西。但对它的分析表明，它是一个非常古怪的东西——商品是拥有形而上的狡计和神学精妙性的东西。①

马克思并没有以启蒙批判通常的方式宣称，批判分析应该展示一个商品（外表看似一个神秘的神学对象）是如何从"普通的"真实生活过程中出现；相反，他的论点是：批判分析的任务是揭露第一眼看上去仅仅是一个普通对象的东西中包含了"形而上的狡计和神学精妙性"。

商品拜物教（即我们的信念：商品是超自然对象，被赐予固有的形而上力量）并不存在于我们的思想之中，不是我们（错误）感知现实的方式，而是存在于社会现实本身之中。换言之，当一个马克思主义者遇到一个沉浸在商品拜物教中的资产阶级主体，马克思主义者对他的指责不是"你将商品看成一个具有特殊神力的超自然物品，但它实际上只是人与人关系的物化表现"，而是"你可能认为商品对你表现为一个社会关系的具体化身（例如，金钱只是一张让你有权使用部分社会产品的凭证），但这并不是你眼中真实的景象。（实际上）在你的社会现实之中，通过你参与的社会交换，你自己证明了一个诡异的事实：商品对你来说其实是一个具

---

① Karl Marx, *Capital, Volume One*, Harmondsworth: Penguin Books, 1990, p.163.

有特殊神力的超自然事物"。我们可以想象一个资产阶级主体参加一个马克思主义课程，学习商品拜物教的原理。当他完成课程之后，他回去找他的教师，投诉他自己仍然是商品拜物教的受害者。老师说："但你已经知道事情的真相了，商品只是社会关系的表现，它们不拥有任何神奇的力量！"这位学生回答："我当然知道，但商品似乎还不知道啊！"当拉康宣布唯物主义的真正公式不是"上帝不存在"而是"上帝是无意识"，这就是他的意思。只需回想一下米莱娜·杰森斯卡（Milena Jesenska）在写给马克斯·布罗德（Max Brod）的一封信中对卡夫卡的评价就足够：

> 最重要的是，钱、股票交易所、外币管理机构、打字机， **95**
> 这些东西在卡夫卡看来是彻底魔幻的事物（它们实质上就是魔法，只是在我们这些"他人"的眼中，这些东西才看似正常）。[1]

在此，杰森斯卡遇到了达致其马克思主义思想巅峰的卡夫卡：一个资产阶级主体清楚知道货币并不拥有神力，货币

---

[1] Jana Cerna, *Kafka's Milena*, Evanston: Northwestern University Press, 1993, p.174.

只是一个代表一系列社会关系的物品，但无论如何他在真实生活中以他相信金钱拥有魔法的方式行事。这一点使我们对卡夫卡的宇宙有了准确深入的洞察：卡夫卡能够直接体验我们"正常"人拒认的幻象式信念。卡夫卡的"魔法"就是马克思称之为商品的"神学怪异性"。假如说从前我们公开假装相信，私下我们是怀疑主义者甚至淫秽地嘲笑我们的公开信念，今天，我们公开表达怀疑论或享乐主义或轻松的态度，私底下却被信念和严厉的禁令紧紧缠绕。正是在这种背景中，我们可以找到陀思妥耶夫斯基的错误。陀思妥耶夫斯基在《布爆》（Bobok）之中提供了最激进版本的"假如上帝不存在，一切都被准许"。这篇他最奇怪的短篇，即使在今天仍继续困扰着读者。这种怪异的"病态幻想"是否只是作者本人精神疾病的一个产物？究竟这作品是不是一种犬儒式渎神、戏仿天启真理的可恶企图？[①]在《布爆》的故事中，一个名为伊万·伊万诺维奇（Ivan Ivanovich）的酒鬼文人正受到幻听的折磨：

　　我开始看见和听见奇怪的东西，不像是声音，而是仿佛

---

① 故事的开头涉及一个奇怪的有关兰波特（Rimbaud）"这不是我，这是一个完全不同的人"的否认。

我身旁有人在嘀咕"布爆布爆布爆！"。这个"布爆"是什么意思？我必须分散我的注意力。我走出去找东西分散注意力，我碰见一个丧礼。

伊万诺维奇出席了一个远房亲戚的丧礼，他待在墓地，在那里他无意中偷听了死者犬儒主义的、无价值的谈话：

我不知道事情是怎样发生的，但我开始听见各种各样的谈话。一开始我没有注意它，而是以轻蔑的态度对待它。但谈话继续。我听见模糊的声音，仿佛说话者的嘴巴被枕头盖住，而且这些声音感觉很清晰、很近。我回过神，坐起来开始用心地听。

他在这些谈话中发现人类的意识在肉体死亡后持续了一段时间，一直持续到肉体完全分解为止。死去的人将这种肉体分解和可怕的汩汩声"布爆"联想到一起。其中一个评论道：

美妙的是我们还有两到三个月的生命，然后——布爆！我建议尽量愉快地度过这两个月，以便在一个全新的基础上安排所有事情。先生们！我建议抛开一切羞耻心。

那些死者意识到自己已从俗世处境中彻底解放出来，决定以诉说生前故事的方式自我娱乐：

……同时我不希望我们说谎。我只关心这点，因为这是唯一重要的。一个人无法在地面上生存而不说谎，因为生命和谎言是同义词，但在这里我们将以不说谎来自娱。去他的，坟墓始终有一些价值！我们将大声说出我们的故事，我们将不会为任何事感到羞耻。首先我要告诉你们我的故事。你们知道，我是掠夺成性的人。地面上所有事情都被腐烂的绳索捆缚和监视着，抛开绳索吧，让我们在无耻的真相中度过这两个月！

来吧，让我们脱个赤条条！赤条条！赤条条！所有声音都在叫喊。

97　　伊万诺维奇嗅到的恐怖恶臭不是腐尸的臭味，而是道德恶臭。他突然打起了喷嚏，然后死者全都静下来。魔法已经失效，我们又回到普通的日常现实中：

就在这时候我突然打喷嚏。它发生得很突然和意外，但效果却很惊人：一切突然静得像在墓地里，那些声音消失得像一个梦。墓地传来真实的静默。我不相信他们因为我的出现而感到羞耻：他们已决心抛开所有羞耻感！我等了五分钟——没有一句话、没有一点声音。[①]

米哈伊尔·巴赫金（Mikhail Bakhtin）在《布爆》这短篇中看见陀思妥耶夫斯基艺术的精髓，这是他全部创造性成果的缩影，呈现出其中心主题：假如没有上帝和灵魂不灭，"一切都被允许"。在属于"介乎两种死亡"之间的生命狂欢派对的阴间，所有规则和责任都被悬置，活死人能够抛开所有羞耻心，疯狂地行事，并嘲笑诚实和公义。这种景象的道德恐怖在于它展示了"真相与和解"观念的极限：假如我们面对一个犯罪行凶者，对他来说公开忏悔罪行不单不能在他身上产生道德净化的作用，甚至还能提供附加的淫秽快感，那该怎么办？

死者的"不死"情景，恰好同弗洛伊德其中一个梦案例

---

① 以上有关《布爆》的引文均摘自 www.kiosek.com/dostoevskyllibrary/bobok.txt。

中的父亲的情况相反，这位死者（在做梦者的无意识中）继续生存，因为他不知道自己已经死了。陀思妥耶夫斯基故事中的死者完全意识到自己已经死了——正是这个认识容许他们抛开所有羞耻感。那么那些死者小心翼翼地隐瞒生者的是什么秘密？在《布爆》这个短篇之中，我们没有听到任何无耻的真相故事——死者幽灵恰好在终于要向聆听者"交出好东西"、说出他们的肮脏秘密的时刻撤退。

或者答案和卡夫卡《审判》中律法之门寓言故事的结尾一样：临死前，花了好多年等候守门人让他进去的乡下人得知，门是专为他而设的。假如在《布爆》中，尸体承诺说出他们最肮脏秘密的整个景象，只是为了吸引和打动可怜的伊万诺维奇呢？换言之，假如尸体的"无耻的真相性"的整个奇观，是专为聆听者——宗教聆听者而设的呢？我们不应忘记陀思妥耶夫斯基描绘的场面不是一个无神的世界。能说话的尸体（在生理上）死后还能体验生命，本身就已经是上帝存在的明证。上帝存在，让他们在死后维持生命，这解释了为何他们还能说出一切。

陀思妥耶夫斯基设置了一个宗教幻想，这幻想和真实无神论立场完全没有关系——虽然他设置它以展示一个"一切都被允许"的恐怖的无神宇宙。那么，究竟是什么样的强制力迫使尸体投入"说出一切（秘密）"的淫秽坦率之中？拉康式的回答很清楚：超我——不是作为道德机制，而是作为淫秽的享乐命令。这提供了关于死者可能想隐瞒聆听者的终极秘密的见解：他们毫无羞耻心地公开所有秘密的冲动不是一个自由的冲动，情况不是"现在我们终于可以说（和做）我们想要的，在我们的正常生活中被规则和限制禁止的东西"。相反，他们的冲动被一个残酷的超我命令维持，鬼魂们必须这样做。然而，假如活死人隐瞒叙述者的是其淫秽享乐，而我们处理的是一个宗教幻想，那么就能得出一个结论，即活死人是受邪恶上帝的强制性魔咒所控制。在此存在陀思妥耶夫斯基的终极谎言：他呈现为无神论宇宙之恐怖幻想的东西，实际上是一个邪恶、淫秽上帝的可知论幻想。应该从这个个案中抽取一个更普遍的教训：当宗教作者谴责无神论，他们常常建构一个"无神宇宙"的视野，而这其实是宗教本身被压抑的另一面（或阴暗面）。

99

　　我在这里采用了"可知论"（gnosticism，又译"诺斯替主义"）的精确定义，它拒绝犹太教、基督教宇宙一个关键特征：真理的外部性。存在压倒性的论据指向犹太教和精神分析这两者间的亲密联结：二者均聚焦于人与大他者欲望这一深渊的创伤性遭遇，与想从我们身上得到某些东西的难以理解的大他者的创伤性遭遇——同时不清楚这某些东西究竟是什么——犹太人和他们的上帝相遇，这上帝的无法理解的召唤（或命令）迫使人类的存在脱离日常轨道。孩子遭遇大他者（在这个案例中即父母）的享乐之谜。与真理依赖外在创伤性遭遇（神对犹太人的召唤，上帝对亚伯拉罕的召唤，神秘莫测的恩典，所有这些完全不符合我们的内在品质甚至固有道德）这一犹太教、基督教概念形成鲜明对比，异教和诺斯替主义（犹太教和基督教立场在异教内部的新变异）视通往真理的道路为精神自我净化的"内在旅程"、回归真实的内在自我、自我"重新发现"。克尔凯郭尔是正确的，他指出西方精神性的中心对立是苏格拉底和耶稣的对立：内在的记忆力之旅（苏格拉底），对立于通过外部遭遇的震惊所引发的再生（耶稣）。在犹太教和基督教领域之内，神或上帝本身就是终极骚扰者，一个粗暴地扰乱我们生活和谐的入侵者。

100　　甚至在今天的网络空间的意识形态内都可以找到诺斯替主义的明显踪迹。自我在网络空间的梦想，以一个个偶然暂时的角色的方式将自己转变为虚拟存在物，继而从自然肉身的依附中解脱出来，正是诺斯替主义——即自我摆脱物质现实的腐败和惰性——的科学技术式美梦的实现。难怪莱布尼茨哲学成为网络空间理论家的主流哲学参照：莱布尼茨认为宇宙由"单子"（monads）组成，单子是一种极细微的物质，每一个都住在自我包含的内在空间之中，没有任何通往外部的窗口。人们无法忽视莱布尼茨"单子论"与正在崛起的网络空间共同体的诡异相似性，在这个网络空间共同体中，全球和谐与唯我主义奇怪地共存。换言之，我们沉溺其中的网络空间难道不是与被我们简化成莱布尼茨的单子并驾齐驱吗？后者虽然没有窗口直通外在现实，但能向自身内部反射整个宇宙。情况越来越变成这样，我们是缺乏直接窗口通往（外部）现实的单子，孤独地和电脑屏幕交往，只能和虚拟的拟仿物相遇交往，但同时比任何时候都更沉溺在全球网络之中，以同步的方式和整个地球沟通。

陀思妥耶夫斯基心目中那个（不）死者能够不受任何道德限制地说话的空间，预示了这种诺斯替主义网络空间的梦想。网络性爱的吸引力在于，由于我们只是面对虚拟伴侣，因此不存在骚扰。网络空间的这一方面——存在一个空间，在当中我们不是直接和真实的人接触，因此没有人会被骚扰，我们可以自由放任最污秽的幻想——通过一个最近重新出现于美国某些圈子内的倡议得到了终极表达，这个倡议"重新思考"了恋尸狂（necrophiliacs，指那些希望与尸体性

101

交的人）的权利。为什么要剥夺恋尸狂的权利？这个想法是这样形成的，就像人们签署允许在自己突然死亡的情况下将其器官用于医疗目的一样，人们应该有权利签署允许将自己的尸体送给恋尸狂。这个构想是一个完美的展示：政治正确的反骚扰立场如何实现了克尔凯郭尔的古老洞察"唯一的好邻居是死邻居"。为了避开所有骚扰，一个死去的邻居——一具尸体——是"宽容"主体的理想伴侣：根据定义，尸体不会被骚扰；同时，尸体不会享乐，因此对玩弄尸体的主体来说，（他者的）过剩享乐这一令人困扰的威胁也被解除了。

"骚扰"是其中另一个词，虽然它貌似指向一个被清晰定义的事实但其功能却极为模糊，并造成意识形态的神秘化。在最基础的层面，这术语专指强奸、虐打，以及其他社会暴力这类残忍事实，毫无疑问应该被无情地谴责。但是，在"骚扰"的主流用法之中，基本意义以不知不觉的方式，下降为对另一个真实人与其欲望、恐惧和快感过分接近的谴责之中。两个话题决定了今天自由主义宽容地对待他者的态度：尊重他者，对他者持开放态度，混合了对骚扰的强烈恐惧。我们接受他者，只要他不是真正的大他者。宽容与之相反：我宽容对待他者的责任，实际上表示我应该和他保持距离，不要侵入他的空间——简而言之，我应该尊重他对我过度亲近的不宽容。这就是晚期资本社会越来越常出现的中心"人权"：不被骚扰的权利，即和其他人保持安全距离的权利。

今天，大部分西方社会的法庭在有人控告另一个人骚扰（跟踪或做出未获授权的性追求）他时，都会强行颁布约束令。法庭可以下令禁止（被指控的）骚扰者故意靠近受害人，并必须保持大于 90 米的距离。即使这个措施有其必要性，当中仍存在某些针对他者欲望的创伤性真实界的防御：公开展示我们对另一个人的激情，这难道不是很明显的暴力行为吗？根据定义，激情必然伤害其对象，而且即使激情的对象高兴地同意占据这个（被爱的）位置，他或她这样做之前永不可能不经历诧异与惊吓的时刻。或，修改黑格尔的名言"邪恶存在于一个自己被邪恶包围的凝视之中"：对他者的不宽容存在于那种将所有人视为不宽容的游荡他者的凝视之中。

尤其当提出这种指控的是男人时，人们对那些迷恋指控女人受到性骚扰的人更应抱怀疑态度：这根本搔不着所谓"支持女性主义的"政治正确表皮①的痒处，而且人们很快就

---

① 原文是"'pro-feminist' PC surface"，当中的 PC 应该是 politically correct（政治正确）的缩写。——译者注

遇见古老的男性沙文主义神话——女人这种无助的生物，不但应该保护她免受入侵的男人的性骚扰，而且最终应该保护她免受她自己的性骚扰。（真正）问题不是女人将没有能力保护自己，而是她们可能开始享受被性骚扰——男性的入侵会让女人在过剩的性享乐中释放自我破坏式爆发。换言之，人们应该集中于一个问题：对不同骚扰模式的迷恋/强迫观念究竟暗示了什么样的主体概念？对"自恋性"主体来说，他人对我做的所有事情（向我说话、看着我……）都是潜在的威胁，因此萨特（Sartre）很久以前就说过一句名言"他人就是地狱"（l'enfer, c'est les autres）。在女人作为一个骚扰对象这个问题上，她掩盖得越多，我们（男性）的注意力就越是集中于她和她面纱下的东西。

塔利班不但强迫女人在公众场所行走时完全遮盖面纱，他们同时禁止女人的鞋跟太硬（金属或木造），禁止她们走路时发出太大的咔嗒声——这使男人分心，扰乱其内在平静和奉献精神。这是极致的剩余享乐悖论：对象越受遮盖，其残余物的最微小痕迹的骚扰强度就越高。

甚至越来越多的吸烟禁令也有同样的性质。首先，所有办公室被宣布为"无烟区"，其次是飞机、餐馆、机场、酒吧、私人会所，再次是某些校园内建筑物入口45米之内，最后是——某个教育性审查的独特个案，这使我们想起著名的修改（苏共）领导层相片的斯大林式惯例——美国邮政局移除了邮票上的香烟标志，代之以蓝调吉他手罗伯特·约翰逊和杰克逊·波洛克的肖像。这些禁令的目标是他人过剩的、危险的享乐，体现在"不负责任地"燃点香烟和以毫不掩饰的快感深深地吸入的动作（这与克林顿式雅皮士相反，他们没有吸入式抽烟，没有实际插入式性行为，他们的食物不含脂肪）——确实，正如拉康所言，上帝一死，一切都被禁止了。

今天的保守派文化批评中一个标准主题是，在这个纵容的时代，儿童欠缺有力的约束或禁令。这种欠缺挫败了儿童，驱使他们从一种过剩跳到另一种过剩。唯有来自某种符号权威的严格约束可以保证稳定性和满足感——通过违反禁令和违反限制而带来满足感。为了搞清楚"否定"（denega-tion）在无意识中的运作机制，弗洛伊德激发了其中一名病人对他自己的一个梦——以一个不知名女人为中心——的反应："无论我梦里的这个女人是谁，我知道她不是我母亲。"对弗洛伊德来说，这是一个明确的反证，（毫无疑问）那个女人就是他母亲。还有比想象对同一个梦的完全相反的反应更能总结今天的典型病人吗："不论我梦里这个女人是谁，我肯定

104

她和我母亲有些关联！"

　　传统上，人们期望精神分析让病人克服那些阻止他得到正常性满足的障碍：假如你无法"得到它"（或"明白它"），去找分析师吧，他将让你摆脱你的抑制（inhibition）。但是今天，我们被全方位的各种各样版本的"享乐"命令轰炸，从性行为的直接享乐到专业成就的享乐或精神觉醒的享乐。今天，Jouissance 实际上发挥奇怪的道德责任的功能：个体并非因为不当快感违反道德禁令而感到罪疚，而是因为自己未能享乐而感到内疚。在这种情况中，精神分析是唯一容许你不享乐的话语——不是禁止你享乐，而是让你从享乐的压力中释放出来。

第七堂课　政治中的倒错主体：
拉康作为恐怖分子的读者

严格来说，倒错①是幻想的一种颠倒效果。正是主体自己，在遭遇主体性的分裂的时候规定了自己为一个对象……正是就主体使自己成为另一个意志的对象而言，施虐受虐驱力（sado-masochistic drive）不仅闭合，而且构成了自身……为了这另一个人的利益，施虐狂本人占据了对象的位置，但他自己并不知道，正是为了这另一人的快感，他以施虐型倒错者的身份执行他的行动。②

---

① perversion 的常见译名是"变态"甚至"性变态"，我认为"倒错"是更准确的译法；"颠倒效果"的意思是：倒错患者占据了对象的位置，而不是像官能症那样站在主体的位置。倒错患者的特征是他把自己当作大他者的对象甚至工具。继而，精神（psyche）在幻象——最终，在原初场景——之中将自己当作大他者的对象这一结构特点就是性倒错的起源。——译者注
② Jaques Lacan, *The Four Fundamental Concept of Psycho-Analysis*, p.185.

这段文字为解开政治上的集权主义（totalitarianism）之谜投下一丝新启示。一个真正斯大林主义政治家深爱人类，但依然执行恐怖的清洗和处决——这样做时，他为之心碎，但他别无选择，这是他对人类进步的责任。这就是大他者意志的纯粹工具的倒错态度：这不是我的责任，实际上不是我在做，我只不过是更高的历史必然性或历史规律的工具。这个情境的淫秽快感来自我视自己已被免除了我正在做的事情的罪恶：我可以向他人施加痛苦，并完全意识到我无须负责，即我纯粹是为了满足大他者的意志。虐待型倒错者回答一个问题"当一个主体仅仅实现了一个客观、外在被强加的目标，他怎会有罪？"的方式是，通过主观地假定这个客观必然性，通过被强加在他身上的东西找到享乐。

当纳粹党卫军（SS）头目海因里希·希姆莱（Heinrich Himmler）被质问灭绝欧洲犹太人的工作时，他摆出一种英雄姿态，"总得有人负责肮脏的工作，既然是这样就动手干吧！"为了国家而做崇高的事容易，甚至是牺牲一个人的生命——为了国家而犯罪则困难得多。在《艾希曼在耶路撒冷》（*Eichmann in Jerusalem*）里，汉娜·阿伦特（Hannah Arendt）准确地描述了纳粹刽子手们为了能够忍受自己的恐怖行为而对自己的心理完成了上述的转变。这些刽子手大部

分并不邪恶，他们完全清楚自己所做的事为受害者带来侮辱、痛苦和死亡。逃出这个道德困境的方法是，"与其对自己说：我对人做出如此恐怖的事！谋杀者可以说：在坚持我的责任的过程中，我要被迫目睹如此恐怖的事情，我肩膀上的责任是何等沉重！"[①] 以这种方式，他们颠倒了抵抗诱惑的逻辑：我们要抵抗的诱惑是在目睹人类痛苦而产生的基本怜悯和同情心面前投降，即他们的所谓"道德"任务变成抵抗这种不折磨、不侮辱、不杀人的诱惑。违反怜悯和同情心等道德本能的行为，被转变为道德高尚的证据：为了克尽己责，我准备好肩负对他人施加痛苦的重担。

同一个倒错逻辑在今天的宗教原教旨主义中运作。2004年11月2日，当荷兰纪录片制片人提奥·梵高（Theo van Gogh）被一名伊斯兰极端分子［穆罕默德·布耶里（Moham-mad Bouyeri）］谋杀时，人们在死者肚子的血洞中找到一封信，收信人是死者的朋友赫殊·阿里（Hirshi Ali）——一名索马里裔荷兰国会女议员、伊斯兰女权的尖锐斗士。[②] 假如世上曾经存在一份名为"原教旨主义"文件的话，这封信就

---

① Hannah Arendt, *Eichmann in Jerusalem: a Report on the Banality of Evil*, Harmond-sworth: Penguin Books, 1963, p.98.

② 有关信等内容具体参见网址：http://www.militantislammonitor.org/article/id/320.

是。它以将恐怖归咎到敌人头上的标准策略作为开端：

自你在荷兰政治领域出现开始，你已经在不断地忙于利用你的言论批评伊斯兰教徒，以及使伊斯兰陷入恐怖之中。

在布耶里看来，是赫殊·阿里而不是他本人才是"不信的原教旨主义者"，而打击她，就是打击原教旨式恐怖主义。这封信展示了施虐狂的立场——在其对象身上制造痛苦和恐怖——只有在施虐主体视自己为他人意志的工具之后才有可能。

让我们更仔细地检视这封信当中强调死亡是人类生命的高潮的关键段落：

在我们整个存在之中只有一种确定性：一切都会结束。一个婴儿来到这个世界，以他的第一声哭声填充宇宙，最终以一声死亡呼叫着离开这个世界。一束草可以突破黑暗的土壤然后被阳光和雨水喂养，最终将腐朽为尘土并消失。死亡，赫殊·阿里太太，是所有创造物的共同主题。你、我，以及所有其他的创造物不能忘记这个真理。

这样的一天将会来临，那时一个灵魂将无法挽救另一个灵魂。一个恐怖酷刑和痛苦的审判日，它将从不义者的肺部挤出可怕的惨叫声。惨叫声，赫殊·阿里太太，将引致某人的脊椎感到寒冷，使他们的头发直立起来。人们即使没有喝醉，也会因恐惧而看似喝醉。在大审判日，气氛将充满恐惧。

当然，此处从第一部分到第二部分的过渡是关键性的。从一般的陈腔滥调，一切事物都会过去和崩解，所有生命难逃一死，到更受约束的行为，准确的世界末日，将死亡时刻视为真理时刻，有关每一个生物面对这种真理并从所有联结中被孤立出来、被剥夺所有集体支持、绝对孤独地面对其创造者的无情审判——这正是为何写信人不断引述《古兰经》（*Quran*）中关于审判日的描绘："在那一天，人将逃离他的弟兄，母亲将逃离父亲，女人将逃离她的孩子。在那一天每个人都将占据一个足够的位置。（不信者的）面孔将布满尘土……"（80:34—42）然后我们来到有关核心质问的关键段落：

当然，你作为一名不信的极端分子不会相信刚才描述的景象。对你来说，这只是一个虚构的戏剧场面，来自一本像其他同类的书本。但是，赫殊·阿里太太，我以我的性命担保，当你读到这封信时将会陷入一阵恐惧之中。

你，作为一个不信的原教旨主义者，当然不相信存在一种主宰宇宙的最高力量。你不相信你自己的心，你依靠它否认真理，你不相信你必须请求这种最高力量的准许。你不相信你的舌头——你利用它否认最高力量的指示——其实臣服于最高力量的律法。你不相信这种最高力量赐予生命和死亡。

假如你真的相信所有这些，那么你将不会认为以下挑战是一个难题。我用这封信挑战你，以证明你是对的。为此，你无须做太多事情，赫殊·阿里太太，祈求死亡吧，假如你真的相信自己是对的。假如你不接受这个挑战，你将会发现我主——至高无上的那一个——已经暴露你说谎者的身份。"假如你祈求死亡，那么你就是真诚的。"但是邪恶的人"永远不会祈求死亡……在全知的阿拉面前谎言的散播者无所遁形"（《古兰经》2:94—95）。**为了防止我自己拥有我为你祈求的同一个愿望，我将为你祈求这个愿望：主啊，赐给我们死亡，以便通过殉道赐给我们快乐。**①

---

① 黑体乃作者齐泽克所加。——译者注

三段文字中的每一段都是修辞珍品。在第一段中，存在一个直接跳跃：从我们人类临死前面对上帝的最后审判的恐惧，跳跃到收信人（赫殊·阿里太太）读信时将会体验到的恐惧。这种在真理时刻直接面对上帝引发的恐惧和此时此地读信产生的恐惧两者间的短路，是倒错的标志：赫殊·阿里读信引发的具体被杀恐惧，被视为一个凡人在面对神圣凝视时所感受到的恐惧的体现。第二段修辞珍品是用作唤起神的全能的精确例子：不仅仅是赫殊·阿里不相信神——她应该相信的是，甚至连她对神的诽谤（她用作诽谤造谣的舌头）也是神的意志所决定的。真正的修辞珍品隐藏在最后一段，隐藏在针对赫殊·阿里的挑战被生产出来的方式之中：残忍地强行将（不仅愿意赴死的准备，而且）但求一死的意愿当作一个人的真诚的证据。在此，我们获得了一个暗示倒错逻辑存在的、几乎难以察觉的转移：从布耶里为真理赴死的准备，跳跃到将自己赴死的准备视为自身真理性的直接证明。这就是为什么他不但不怕死，还主动祈求死亡：从"假如你是真诚的，你就应该不怕死"倒错地短路为"假如你但求一死，你就是真诚的"。在其表面的不连贯之中，布耶里的逻辑既复杂又准确：他将会做必要的事以"防止我自己拥有我

110

为你祈求的同一个愿望"。这是什么意思？难道不就是，通过祈求死亡，他恰好在做他想阻止的事？布耶里难道不接受他自己为赫殊·阿里祈求的（他祈求她的死亡）同一个愿望（赴死）吗？

这封信并不挑战赫殊·阿里及其错误信念，真正的指控反而是赫殊·阿里没有真的相信她声称自己相信的东西（她的世俗诽谤），她缺乏被称为"来自她的信念的勇气"的东西："假如你真的相信你声称相信的东西，那就接受我的挑战吧，祈求死亡吧！"这将我们带到拉康对倒错者的描述：倒错者将分裂置换到大他者身上。赫殊·阿里是一个分裂的主体，与自己不一致，欠缺来自自身信念的勇气。为了避免被困于这种分裂之中，这封信的作者将拥抱但求一死的愿望，承担起赫殊·阿里太太本来应该相信的东西。既然如此，信的最后宣言将不会使我们感到诧异：

现在爆发的这场斗争有别于过去的斗争。没有信仰的原教旨主义者已经开始了，而真正的信仰者将终结它。对不义的散布者将不会有怜悯，只有举剑朝向他们头顶。没有讨论、没有示威、没有请愿：只有死亡将区分真理和谎言。

没有空间留给符号中介、辩论、逻辑推论、宣言，甚至传道，唯一区分真理和谎言的是死亡、真诚主体的准备和求死的愿望。难怪伊斯兰政治殉道令福柯感到着迷。在这种政治殉教中，福柯描绘了一种与西方不同的"真理政权"的轮廓，在这种伊斯兰"真理政权"当中，终极的真理指标不是事实正确性、逻辑一致性或忏悔的真诚程度，而是死亡的准备或意愿。① 已故教皇约翰·保罗二世（Pope John Paul II）宣扬了天主教"生命文化"，作为对抗当代虚无主义"死亡文化"（具体表现为不受限制的享乐主义、堕胎、毒瘾和盲目依赖科学与科技发展）的唯一希望。宗教原教旨主义（不单是伊斯兰教的，也包括了基督教的）则迫使我们面对另一种病态的"死亡文化"，而这种"死亡文化"比信徒们愿意承认的更接近宗教体验的内核。

111

在此我们应该面对的问题是，在他以绝对的方式区分真理和谎言的努力之中，倒错者究竟遗漏了什么东西？答案自然是：谎言本身的真理，即通过并且在说谎行为之中传递的真理。悖论地，倒错者的虚伪在于他对真理的无条件依附，在于他拒绝聆听在谎言中回响的真理。在《终成眷属》（*All's*

---

① Janet Avery and Kevin B. Anderson, *Foucault and the Iranian Revolution*, Chicago: The University of Chicago Press, 2005.

Well that Ends Well）之中，莎士比亚对真理和谎言的纠缠提供了最震慑人心、最精致的洞察。因为国王的命令而被迫要和海伦——一个普通医生的女儿——结婚的伯特兰伯爵，拒绝与她同住和圆房，告诉她只有当她移去他手上的祖传戒指并怀有他的孩子后，才会答应做她的丈夫。

与此同时，伯特兰试图引诱年轻美丽的黛安娜。海伦和黛安娜策划了一个将伯特兰带回其合法妻子身边的计划。黛安娜答应和伯特兰过夜，要求他在半夜到访她的房间；在那里，在黑暗中，两人交换了戒指并做爱。然而，伯特兰不知道的是，与他一夜春宵的女人不是黛安娜，而是他的妻子海伦。事后当两人面对面，他必须承认他认可婚姻的两个条件都已被满足。海伦取走了他的祖传戒指并怀了他的孩子。然而，这个床上骗局的性质是什么？在第三幕结尾，海伦自己提供了一个美妙的定义：

112

> 那么今晚
>
> 就让我们试验我们的密谋；假如成功，
>
> 它就是一个道德行动的邪恶意图
>
> 及一个在邪恶行动中的道德意图，
>
> 两者都不是犯罪，但又都是有罪的事实：

但动手吧。

我们实际上同时处理"道德行动中的邪恶意图"（有什么比一个完美婚姻、妻子与丈夫上床更道德的呢？但意图是恶劣的：伯特兰以为自己是与黛安娜上床）和"道德意图中的邪恶行为"（海伦想与丈夫上床的意图是道德的，但是行动本身是邪恶的：她欺骗了丈夫，丈夫以为自己在欺骗妻子的情况下与其他人做爱）。他们的关系"不是犯罪，但又都是有罪的事实"：不是犯罪，因为发生的事情仅仅是一段婚姻的圆房；但又是有罪的事实，夫妇双方都涉及某种蓄意欺骗。真正的问题不仅仅是追问是否"终成眷属"，追问是否最后的结果（实际上没有犯罪，而且夫妇重新团圆、婚姻联结完满确立）取消了罪恶的骗局和意图，而且更激进的一点是：假如，律法的统治只能通过邪恶的（罪恶的）意图和行为来确认呢？假如，为了统治，律法必须依靠不忠和骗局的暗中互动呢？这同时也是拉康的悖论式命题"不存在性关系"所针对的主旨：伯特兰的爱情之夜的情境，难道不是大部分已婚夫妇的遭遇吗？你在与合法的伴侣做爱的时候，"内心其实不忠地"幻想你正在同另一个情人上床。实质的性（交）关系必须依靠这种幻想增补物的支撑才能维持。

113

《皆大欢喜》（*As You Like It*）提供了一个不同版本的双重骗局逻辑。奥兰多热烈地爱上罗莎琳，罗莎琳为了测试他的爱，假扮成加尼米德——一个男性朋友——去质问奥兰多的爱。罗莎琳甚至再假扮罗莎琳（加尼米德假扮罗莎琳，在一个双重的面具中，罗莎琳假扮自己），并劝说她的朋友茜莉亚（以艾莲娜的假身份出现）在一个恶搞婚礼中嫁给他们（加尼米德和奥兰多）。因此，罗莎琳名副其实地假装自己：为了得胜，真相必须在双重的欺骗中被展现——以一种和《终成眷属》同源的方式，为了被确认，婚姻必须借助婚外情来完成。

以相似的方式，表象与真相在一个人的意识形态自我认知之中重合。回忆一下马克思天才横溢的分析，有关在1848年的法国革命中，保守共和主义的秩序党（Party of Order）作为两个保皇势力支派（奥尔良派和正统王朝派）如何在"隐蔽的共和制王国"（"the anonymous kingdom of the kepublic"）中以联盟的方式运作。① 秩序党的国会议员视他们的共和主义为一个笑柄：在国会辩论中他们大肆制造保皇主义口误并嘲笑共和国，以便全世界得知他们的真正目的是

---

① See Karl Marx, "Class Struggles in France", in *Collected Works*, Vol. 10, London: Lawrence and Wishart, 1978, p.95.

恢复王朝。他们不知道的是，按照其统治的真实社会效果，他们被愚弄了。他们无意中建立了他们极端鄙视的资产阶级共和主义社会秩序（例如，保障私有财产的安全）。因此，真相并非他们是戴着共和面具的保皇主义者：虽然他们是这样体验自己的身份，但是他们的"内心"保皇信念才是一块掩盖他们真实社会角色的面具。简而言之，他们真诚的保皇主义非但远远不是他们公开的共和主义背后的隐藏真相，反而成为他们的真实共和主义的幻象式支点——正是它将热情注入他们的活动。既然如此，难道秩序党人不是同样假装在假装共和党、假装在假装他们的真实身份吗？

114

那么从拉康主义视角，什么东西才是表象最激进的一面？譬如一个男人有婚外情而他妻子不知道，那么当他私会情妇时，他假扮公干或诸如此类；一段时间过后，他鼓起勇气向妻子讲出真相：当他外出的时候其实是去会情妇。然而，当快乐婚姻的面具破裂后，情妇也崩溃了，并出于对被抛弃妻子的同情而避开她的情夫。丈夫应该怎样做才不给妻子发出错误信息？应该怎样不使她以为男人不再出差意味着他正在回到自己身边？男人必须假扮婚外情继续存在，他要外出几天以制造错误的印象，而事实上他不过住在朋友那里。这就是最纯粹的表象：它不是在我们设置欺骗性面具来掩藏违法行径时发生，而是在我们假装有违法行径需要被掩藏时。正是在这个精确意义下，对拉康来说，幻象本身是一个貌似物（semblance）：基本上它不是掩藏真实界的面具，而是藏在面具背后的东西的幻象。例如，男性对女人的基础幻想不是她迷人的外表，而是在这个灿烂外表背后隐藏着某种深不可测的谜团。

为了展示这种再加倍（redoubled）骗局的结构，拉康提及有关宙克西斯（Zeuxis）和帕拉修斯（Parrhasios）的寓言，两位古希腊画家比赛画出更具欺骗性的错觉。[1] 首先，宙克西斯画出了仿真度极高的葡萄，连鸟儿都被骗下来采食。接下来帕拉修斯却得胜了——他在他房间的墙上画了一道画幕，当他向宙克西斯指出他的画作时，宙克西斯请他"拉开画幕让我看看你画的东西"。在宙克西斯的画中，错觉是那么令人信服以致影像被视为真实事物；在帕拉修斯的画中，错觉恰好存在于一个观念之中，即我们眼前所见的是一块掩盖了隐藏真相的面纱。

这同样是拉康眼中女性假面的运作方式：她戴着一个面具，以便使我们像站在帕拉修斯画作前面的宙克西斯那样

---

[1]　Jaques Lacan, *The Four Fundamental Concept of Psycho-Analysis*, p.103.

行动——好吧，脱掉面具让我们看看你的真面目吧！以一种同源的方式，我们可以想象奥兰多在假婚礼之后，对假扮罗莎琳的加尼米德说："你装罗莎琳装得那么像，我差点相信你就是她；现在你可以再变回你的真实身份了，做回加尼米德吧。"女人总是成为这种双重假面的代表人物不是出于巧合：男人只能假扮女人，唯有女人可以假扮一个假扮女人的男人，因为唯有女人可以假扮成她本来就是的东西（一个女人）。

要解释伪装所具有的特有女性性质，拉康提及一个奇特形象——一个女人为了使人觉得她是菲勒斯而戴着隐藏的假阴茎：

这就是隐藏在其面纱后的女人：正是阴茎的不在场使她成为菲勒斯——欲望的对象。以一种更准确的方式引发这一不在场：让她在漂亮的裙下戴上一个可爱的假阴茎，然后你，或倒不如说她，将有很多东西要告诉我们。[①]

在此，这种逻辑比它表面看起来的更复杂，不仅仅是明

---

① Jacques Lacan, *Ecrits*, p.310.

显的假阴茎引发"真"阴茎的不在场；在一种同帕拉修斯画作严格平行的意义下，男人看到假阴茎轮廓的第一个反应是："脱下这个荒谬的假货，给我看看你下面的东西！"男人因此错过了假阴茎是真实之物这一事实："菲勒斯"即女人，是假阴茎产生的阴影，换言之，不过是在假阴茎背后不存在的"真"菲勒斯的幽灵。在这个准确意义下，阴性假面（feminine masquerade）拥有模仿的结构，因为对拉康来说，模仿（mimicy）不是模拟（imitate）我想与之融为一体的那个影像，而是模仿影像的某些特征，这些特征暗示在背后存在某些被隐藏的现实。和帕拉修斯一样，我不模拟葡萄，而是模拟面纱："当它区别于一个可以称为藏在背后的它自身的东西的时候，模仿才揭示一些东西。"[①] 菲勒斯本身的性质就是模仿的性质。终极而言，菲勒斯是人类身体上的某种污点，一个不能融入身体的过剩特征，从而在影像背后产生另一个隐藏现实的幻象。

这一点带领我们回到倒错这个题目。对拉康来说，一名倒错症病人不是被他的行为（他古怪的性实践）定义。在最根本层面，倒错现象存在于倒错者连接真理及言语的形式结

---

① Jaques Lacan, *The Four Fundamental Concept of Psycho-Analysis*, p.99.

构之中。① 性倒错者声称他能直接通达或理解某些特定的大他者（从上帝、历史一直到他的伴侣的欲望），以便在驱逐所有语言模糊性之后，他可以直接充当大他者意志的工具。在这种意义下，乌萨马·本·拉登（Osama bin Laden）和美国总统布什虽然是政治上的死对头，但共享了倒错结构。两人都以假定自己的行动是由神圣意志直接下令并指导的方式行事。

美国境内的宗教原教旨主义的近况——大约一半美国成年人的信仰可以被视为"原教旨主义"——是由一个倒错的力比多经济体的统治所维持。一个原教旨主义者不是相信，他直接知道。自由主义怀疑论的犬儒主义者和原教旨主义者都有一个基本特征：两者均失去正确意义上的相信的能力。对他们来说无法想象的事情是：一个确立每一个真实信念的毫无根据的决定，一个不能立足于理据和实证知识的决定。想想安妮·弗兰克（Anne Frank），当面对纳粹的恐怖恶行时，她通过一个真正的"因为荒谬才相信"（credo qua absurdum）②的行动，坚持了不论她或他有多堕落，每一个人身上

---

① 简单来说，一个人是否性倒错应该根据他和"真理与言说"的连接方式这一底层结构而不是具体行为来定义。——译者注

② credo qua absurdum出自第一位拉丁语基督教哲学、神学家特土良（Tertullianus）的著作《基督的肉身》（De Carne Christi）。——译者注

都存在善的神圣火花的信念。这个命题不涉及事实，它被设置为一个纯粹的伦理公理。同样，普世人权本质上是一种纯粹信念：它们在有关人性的知识之中找不到任何根据，它们是根据我们的决定设置的一组公理。（一旦我们企图在有关人类的知识中找寻普世人权的根据，不可避免的结论将会是：人们根本是互不相同的，有些人比其他人拥有更多尊严和智能。）在最根本层面，真诚的信念无关事实，它表现了一个无条件的道德或伦理承担。

对自由派犬儒主义者和宗教原教旨主义者来说，宗教命题是直接知识（direct knowledge）的准经验命题：原教旨主义者接受这些命题的字面意义，而怀疑论的犬儒主义者则嘲讽它们。难怪宗教原教旨主义者是最有激情的数字黑客之一，总是倾向于将他们的宗教和最新的科学成果相结合。在他们眼中，宗教命题和科学命题皆从属于实证知识这一模态（modality）。"科学"这个名词在某些原教旨主义派别（基督科学教会、科学教）中出现，这并不仅仅是一个淫秽笑话，而是暗示了这种将实证知识简化为信仰的倾向。在此，都灵裹尸布（据称用作包裹耶稣尸体并染有他的血的一块布）的案例具有象征意义。假如它的真实性被证实，对所有真实信仰者都将会是一个恐怖的大灾难（第一件随之而来的事情是分析血迹的脱氧核糖核酸即 DNA，然后实证地回答究竟谁是耶稣父亲的问题），相反，一个真正的原教旨主义者将为这种机会欢呼。我们在今天的伊斯兰世界里找到同一种化约信仰为知识的倾向，大量科学家写的书"展示了"最新科学进展如何证实了《古兰经》的洞察和律令：有关乱伦交配生出缺憾儿童的当代遗传学知识证实了对乱伦的神圣禁令。同一种情况也出现在佛教中，很多科学家转变了"现代物理之道"的主题，即当代科学将现实看作无实体的振荡事件流最终证明了古代佛教的本体论。[①] 一个人被迫得出悖论性的推论：在传统的世俗人文主义者和宗教原教旨主义者这个对立之中，人文主义者代表了信仰，而原教旨主义者代表知识。这就是在宗教原教旨主义持续兴起这个问题上，我们能够从拉康那里学到的东西：真正的危险不是原教旨主义对世俗科学知识构成威胁，而是它对真实信仰构成威胁。

也许，总结这本书的正确方式是谈论索菲娅·卡尔皮亚（Sophia Karpia）——20 世纪 40 年代末克里姆林宫医院心电图部门的主管。她的行动，和那种将自己抬升为大他者工具

---

① 宗教原教旨主义和科学进路联合的荒谬过剩之一今天正在以色列出现，在那里，一个宗教团体深信《圣经·旧约》有关一头全身红色的小牛出生之时就是救世主降临之时的预言，正耗费巨大精力以基因操纵的手法制造这样的一头牛犊。

的倒错行为相反，值得被称为一个拉康意义下的真正的伦理行动（或真正的道德行动）。她的不幸在于，她的工作是在1948年7月25日和7月31日，即苏联领导人安德烈·日丹诺夫（Andrei Zhdanow）因心脏衰竭去世的前几天，对日丹诺夫进行两次心电图检查。第一次心电图是在日丹诺夫显示了一些心脏问题后拍的，不足以诊断病症（无法断定或排除心脏病发的可能性），而第二次心电图则显示了良性得多的图片（静脉阻塞消失了，这清晰地显示没有心脏病发作）。1951年，她被逮捕，罪名是和其他医治日丹诺夫的医生合谋伪造数据，消灭曾经心脏病发作的明显信号，剥夺日丹诺夫作为心脏病病人所需的特殊治疗。在受到严酷的对待后，包括持续的残暴殴打，所有其他被指控的医生都招认了。"索菲娅·卡尔皮亚——曾被他的上司维诺格拉多夫形容为不过是'街上一名带有小资产阶级道德的典型普通人'——被关在一个冷藏室，不能睡眠，被严刑逼供。她没有认罪。"① 她的坚持所造成的影响和意义怎样高估都不过分：她的（认罪）签字将可以使控方的"医生阴谋"指控成立，并将立即启动那个一旦开始运作就会导致数十万人死亡的机制，甚

① Jonathan Brent and Vladimir P.Naumov, *Stalin's Last Crime*, p.307.

至可能引发新欧战（根据斯大林的计划，"医生阴谋"将揭露西方间谍部门企图谋杀苏联高层领导人，因而成为攻击西欧的借口）。索菲娅·卡尔皮亚刚好坚持到约瑟夫·斯大林（Joseph Stalin）陷入最后的昏迷状态，在此之后整个案件就被搁置了。她的英雄行径在一系列环节中至关重要，像一粒卡在已开动的巨大机器中的小沙粒，阻止了苏联社会和政治的另一场灾难，拯救了数以千计甚至数以百万计的无辜生命。①

这种在困境中的单纯坚持，最终就是那个构成道德／伦理的东西，又或者正如塞缪尔·贝克特（Samuel Beckett）在其绝对称得上 20 世纪文学杰作的《无法称呼的人》（The Un-nameable）——一部描绘驱力如何在不死的部分对象的面具之下坚持不懈的典范之作——的最后几句中所说的："在沉默之中，你不知道，你必须继续，我不能继续，我要继续。"②

---

① Jonathan Brent and Vladimir P.Naumov, *Stalin's Last Crime*, p.297.

② Samuel Beckett, *Trilogy*, London: Calder Publications, 2003, p.418.

125

拉康年表

1901

4 月 13 日，雅克–玛丽–埃米尔·拉康（Jacques-Marie-Émile La-can）生于巴黎一个纯粹的天主教家庭。他在斯坦尼斯拉斯学院（当地一间耶稣会学校）上学。获得高中文凭之后，拉康先后修读医学及精神医学。

1927

拉康开始在圣安妮医院工作，并接受临床训练。一年后他在特设诊疗所工作，而（法国精神病学家）克莱朗博（Clérambault）也在该处执业。

1932

拉康凭借论文《妄想型精神病及其与人格的关系》（*De la Psychose Paranoïaque dans ses Rapports avec la Personnalité*）成功被授予博士学位。

1933

这篇论文的丰富性，尤其拉康对病人艾梅（Aimée）的病例分析为他在超现实主义者中间赢得声誉。从这一年一直到 1939 年，他在高等研究应用学院学习亚历山大·科耶夫（Alexandre Kojève）开设的

"黑格尔解读入门"课程 ①。

1934

与玛丽－路易丝·布隆丹（Marie-Louise Blondin）结婚，其后生下卡罗琳（Caroline）、蒂博（Thibault）和西比勒（Sibylle）三个孩子。拉康与鲁道夫·洛文斯坦（Rudolph Loewenstein）一起进行分析工作的同时，加入了巴黎精神分析学会。

1940

在巴黎的圣宠谷军事医院工作。在德国占领时期，拉康没有参加任何官方活动。

1946

巴黎精神分析学会恢复活动，拉康、纳赫特（Nacht）及拉加什（Lagache）主持精神分析师训练和监督的工作，发挥了重要的理论及制度作用。

1951

巴黎精神分析学会开始提出拉康的短治疗时段——相对于标准时长的治疗——的问题。

1953

1 月，拉康被选为巴黎精神分析学会主席。6 个月后，他辞去这个职务，与拉加什、弗朗索瓦茨·多尔多（F. Dolto）、朱丽叶特·费伍兹－博托尼尔（J. Favez-Boutonier）等人加入法国精神分析学会。拉康在罗马发表他的著名报告《语言及言说的运作及场域》（*Fonction et Champ de la Parole et du Langage*）。7 月 17 日，拉康和西芙维娅·麦

---

① 该课程主要解读对象是《精神现象学》。——译者注

克勒斯（Sylvia Maklès）结婚，后者是（拉康的女儿）朱迪特（Judith）的母亲。同月，拉康开始在圣安妮医院举办他的每周研讨班。

126

1954

在前十次研讨班中，拉康详细阐述有关精神分析技巧的基础观念、精神分析必要的概念和伦理。在这个时期，拉康根据研讨班、会议及座谈会的报告内容，撰写了1966年版《拉康文集》（*Ecrits*）中的主要文本。

1956

很多名人被拉康的研讨班吸引（著名的例子包括巴黎高等师范学院校长伊波利特在该年第一个讲座中发表对弗洛伊德论"否定"论文的分析）。亚历山大·柯瓦雷（Alexandre Koyré）、列维-施特劳斯、梅洛-庞蒂（Merleau-Ponty）、生态学家马塞尔·格雷奥（Marcel Griaule）、埃米尔·本维尼斯特（Emile Benveniste）等知名学者参加了他的课程。

1962

法国精神分析学会会员希望获得国际精神分析协会的承认。国际精神分析协会发出了最后通牒：必须在训练分析师的名单上删除拉康的名字。

1963

在国际精神分析协会定下的最后限期（10月31日）前两个星期，法国精神分析学会的训练分析师委员会放弃了1962年的勇敢立场，向国际精神分析协会的禁令屈服：拉康不再是训练分析师。

1964

拉康组织了一个"精神分析研究小组"，由让·克拉夫赫尔

（Jean Clavreul）主持，直至拉康正式组成法国精神分析学校——很快就更名为巴黎弗洛伊德学校。在列维-施特劳斯和阿尔都塞的支持下，他被委任为高等研究应用学院的讲师。

1965

1月，拉康在高等师范学院开始他的新研讨班"精神分析的四个基础概念"，他的听众包括精神分析师和高等师范学院哲学系的青年学生，特别是雅克-阿兰·米勒（Jacques-Alain Miller）。

1966

《拉康文集》在巴黎由塞伊（Seuil）出版社出版。这本书为巴黎弗洛伊德学校引来大量关注，影响范围远远超出学术界。

1967

拉康为巴黎弗洛伊德学校建立"基础认证"，其创新在于"渡河"这个程序。"渡河"的主要要求是在两名"摆渡人"面前证明自己作为分析者的经验，尤其是从分析者位置过渡到分析师位置的关键时刻的经验。分析师（通常是巴黎弗洛伊德学校的分析师）指派自己的分析者担任"摆渡人"的角色，他们应该身处和"渡河者"相同的分析阶段。两名"摆渡人"聆听"渡河者"，然后他们在一个委员会面前转述"渡河者"的分析经验作为见证。该委员会通常由其主席拉康以及学校的分析师组成。这个委员会的作用是选择巴黎弗洛伊德学校的分析师以及在选拔之后阐述"原则的工作"。

127

1969

"渡河"这个程序一直困扰着巴黎弗洛伊德学校。围绕拉康训练及认可分析师的方式而产生的争论，引致退出巴黎弗洛伊德学校的一群人组成了"第四组"。在1968年5月（席卷全法国的反建制运动）之后出现的大学体制危机之中，拉康宣布了他的立场："假如精神分析不能以知识的形式被表达和传授，它在大学中就没有位置——（因为）大学只处理知识。"高等师范学院的管理层找到了借口并在新学年开始的时候告诉拉康，他已不再受高等师范学院欢迎。此时，重要的期刊《分析笔记》（*Cahiers pour l'Analyse*）不得不停刊。但是文森斯大学（巴黎第八大学）成为另一种选择。当时主持巴黎第八大学的米歇尔·福柯要求拉康创立并带领巴黎第八大学的精神分析系。多亏列维-施特劳斯的帮助，拉康的讲座移师到位于先贤祠的原巴黎大学的法律学院。

1974

巴黎第八大学的精神分析学系被更名为"弗洛伊德场域"（Le Champ freudien），拉康成为其主任，而米勒则担任主席。

1980

1月9日，拉康宣布解散巴黎弗洛伊德学校，并要求愿意继续追随他工作的人以书面形式确认其意向。他在一个星期内收到超过一千封信。2月21日，拉康宣布成立"弗洛伊德事业"——后来重新命名为弗洛伊德事业学校。

1981

9月9日，拉康卒于巴黎。

进阶阅读书目

　　撇除偶然的短文章（导言和后记、即兴发言的誊写稿以及访问等等），拉康的全部著作清楚地分为两组：研讨班讲稿［从 1953 年开始直到他逝世为止，开放给（越来越多）公众的每周讲座］和《拉康文集》。正如让－克洛德·米尔纳（Jean-Claude Milner）指出，悖论在于，相对于一般的秘密口头传授和提供给公众的文字印刷品的区分，拉康的《拉康文集》是给"精英"看的东西（只有圈内人士能读懂），而他的研讨班讲稿则是以更广大听众为目标，并且因此而更容易理解。事情就像拉康首先以一种简单直接的方式，发展了一条理论路线，附带大量摇摆立场和死胡同；然后进一步将结果凝缩在准确但密集的密码之中。实际上，拉康的研讨班讲稿和《拉康文集》的联结方式就像分析者和分析师在治疗中的关系。在研讨班讲稿中，拉康以分析者的方式行事：他不断"自由联想"、即兴拼凑、省略和跳跃，向他的听众讲话，听众则被安排为近乎集体分析师的角色。相比之下，拉康的理论文章更浓缩、公式化；这些文章抛出经常看似神谕式的、不可阅读的、歧义的命题，挑战读者去解读它们，将它们翻译为清晰的论点，并为它们提供例证和符合其意义的逻辑。和一般的学术程序（作者构想出一个观点，然后尝试通过论证支持它）不同，拉康不但往往将这项工作交给他的读者，而且读者还常常甚至必须在大量相互冲突的构想以及神谕式的歧义之中找出拉康的真实观点。正是在这种意义下，拉康的《拉康文集》就像一个分析师的干预，其目的不是向分析者提供事先预备好的意见和宣言，而是迫使分析者开始进行分析工作。

那么，到底要阅读什么以及如何阅读？是《拉康文集》还是研讨班讲稿？唯一正确的答案是古老笑话"要咖啡还是茶？"的答案的变种：谢谢，两种都要读。假如你直接读《拉康文集》，你将会一无所获，因此你要先从——但不要止于——研讨班讲稿开始。因为假如你只读研讨班讲稿，你也同样不会明白。有关研讨班讲稿比《拉康文集》更清晰和更易理解的印象是一种严重的误导：研讨班讲稿经常摇摆不定、试验不同的理论进路。正确的方法应该是先读一卷研讨班讲稿，然后接着读相应的《拉康文集》以便"明白"讲座的内容。在此，我们处理的是一种本身属于精神分析治疗的Nachtraglichkeit（粗糙地译为"延迟的行动"）:《拉康文集》是清晰的，它们提供精确的公式，但我们只能在读完作为其背景的研讨班讲稿内容之后才会明白《拉康文集》。两个突出的范例为《讲座七：精神分析的伦理》以及相应的文集中的文章《康德与萨德》,《讲座十一：精神分析的四个基础概念》和相应的《无意识的位置》。

超过一半的拉康研讨班讲稿已经以法文出版，一般在几年后接着推出的英译本，其质量通常会更高。《拉康文集》目前只有精选版［布鲁斯·芬克（Bruce Fink）的英译远比旧译要好得多，芬克已经翻译好的完整版文集也将快出版①］。拉康授权雅克-阿兰·米勒编辑及出版他的研讨班讲稿，指定他为"那个（唯一）懂得怎样阅读我的人"。米勒的大量写作以及他本人的研讨班内容是进入拉康理论的最佳途径。在最佳状态下，米勒能够完成将来自《拉康文集》的一页无法理解的文字完全破解的奇迹，以至于每个人都感叹："为什么当初我竟然弄不明白呢？"针对研讨班讲稿，纽约州立大学（SUNY）出版社推出了解读研讨班系列（Reading

---

① 完整版文集已于 2007 年出版。——译者注

Seminar...）（除了最后一本《阅读拉康研讨班十七》由杜克大学出版社负责）。

以下是其他不可或缺的（进阶）书目：

1. 袋装书中最好的一般性拉康介绍著作：

Sean Homer, *Jacques Lacan*, London: Routledge, 2005.

2. 最好的拉康精神分析临床介绍著作：

Bruce Fink, *A Clinical Introduction to Lacanian Psycho-analysis*, Princeton University Press, 1999;

Darian Leader, *Why Do Women Write More Letters Than They Post?*, London: Faber & Faber, 1996.

3. 讨论拉康与哲学的最佳文本：

Joan Copjec, *Read My Desire*, Cambridge: MIT Press, 1994;

Alenka Zupancic, *Ethics of the Real*, London: Verso, 2000.

4. 拉康派称为"弗洛伊德场域的亲属"（对文化及社会现象的拉康式解读）中最好的作品：

Eric Santner, *My Own Private Germany*, Princeton: Prince-